Índex

Introducció

Al llarg d'aquest recull d'articles en forma de llibre, es poden llegir articles de diferents temàtiques, incloent-hi articles d'actualitat durant els dies de la publicació de l'article. Alguns dels temes que podeu trobar al llarg del recull són articles en defensa de les Terres de l'Ebre i contra els continus atacs ambientals que patim, articles sobre política catalana i el procés, llengua, antiracisme, feminisme, etc. Durant la lectura es poden descobrir les meves inquietuds, ideologia i accions, així com observar l'evolució en l'escriptura i la maduresa ideològica i dialectal que he anat guanyant al llarg dels darrers deu anys.

Tant de bo llegint aquest llibre us pugui transmetre i ensenyar alguns punts de vista fins ara (potser) nous per vosaltres, dades que desconeixíeu i energies per continuar lluitant per les vostres creences ideològiques i personals.

Articles

A continuació trobareu tots els articles que he escrit, separats per temàtica i ordenats cronològicament dintre de cada temàtica.

Terres de l'Ebre

ERCROS, sindicats i treballadors en una llista.
Publicat el 29 de març del 2013 al blog Pos això i allò, a l'Aguaita,
Marfanta i El Forum.

A tota la Ribera d'Ebre, en especial a Flix, hem viscut unes setmanes molt mogudes, plenes de ràbia i impotència, davant de l'ERO que Ercros ha dut a terme a la fàbrica de Flix.
En un principi van dir que afectaria el 80% de la plantilla, més endavant el reduïren al 50%. Igualment inacceptable. La gent de Flix i de tota la Ribera no vam parar de lluitar: els regidors, tancats a l'ajuntament, van fer vaga de fam, la gent vàrem donar sang... Tot i això, l'empresa no va baixar del burro.

L'assemblea de treballadors de Flix va rebutjar l'última oferta de l'ERO. Però els sindicats i els treballadors de les altres fàbriques afectades per l'ERO, van mostrar una falta de companyerisme i un egoisme immens, firmant la proposta d'ERO que deixava 61 treballadors de Flix a l'atur i 14 prejubilats. Mentre que a les altres fàbriques no passaven dels 15 treballadors afectats. És indignant que un sindicat, que hauria de mirar sempre pels interessos de tots els treballadors, no senti la veu de la fàbrica més afectada.

Després de tot, Ercros no es va quedar satisfeta i va comunicar els noms dels treballadors acomiadats penjant una llista a la porta de la fàbrica. Demostrant així la seva falta de respecte cap als treballadors, a les seves famílies, i al poble.

És inadmissible el que Ercors ha fet al poble, a la comarca i al riu. Ja que durant la seva llarga història al municipi ha anat tirant residus al riu perquè els hi sortia més econòmic que tractar els fangs tòxics. Ara tenim 700.000 tones de mercuri al riu i l'empresa continua sense fer-se'n responsable, obligant a l'Estat a pagar la descontaminació amb fons europeus i estatals. Així Ercros ha hipotecat un poble, Flix, i una comarca, la Ribera d'Ebre, per anys i anys. Han hipotecat el riu, posant en risc el subministrament d'aigua de tot el territori i l'ecosistema fluvial. Però, sobretot, han hipotecat el futur de la gent de Flix. Tots sabem que des de les oficines centrals d'Ercros, la fàbrica de Flix ja ha estat sentenciada a mort. El que ells no saben és la importància que tenia la fàbrica en el teixit social i econòmic de la zona.

Què passarà amb tota aquella gent que vivia directament o indirectament de la fàbrica? Quan anys passaran fins que no hi torni a haver una alternativa laboral de la mateixa mida? Com s'ho faran els pares dels jóvens de Flix per assumir els costos dels seus estudis? I si no poden marxar a estudiar fora, què farem el jovent de Flix en un poble i una comarca sense futur laboral?

L'ERO no és només l'acomiadament de 61 persones, que per la fàbrica només són noms en una llista. L'ERO també suposarà l'acomiadament de la seva terra a tota una generació de jóvens que només volen viure i treballar allà on han nascut.

Terres de l'Ebre o terres colonials?

Publicat el 29 d'octubre del 2013 al blog Pos això i allò.

Ja va sent hora que el govern central es comenci a oblidar de nosaltres, si s'encarreguessin de portar treball i prosperitat estaria bé, però tot el contrari, sempre que se'n recorda de nosaltres és per portar-mos allò que ningú vol, o per robar-mos allò que més estimem, el nostre principal recurs natural. Fent de nosaltres el mateix que s'ha fet sempre en les colònies.

Pareix que els deixebles de la dictadura continuen els passos del dictador, i continuen atacant el nostre territori de porqueria. Cal recordar que ell va començar en la central nuclear de Vandellòs| en l'objectiu d'aconseguir la bomba atòmica, però anteriorment el senyor "Paco Pantanos", va omplir l'Ebre i els afluents de pantans.

Els governs del PP i PSOE, han seguit aquest exemple, i van acabar d'omplir el centre dels Països Catalans de nuclears, ficant una més a Vandellòs i dos a Ascó. Però el dolent és que en això no en van tenir prou, i van seguir, intentant-mos colar l'Enron, el cementiri nuclear, abocadors, girant el cap davant l'arribada d'espècies invasores com el caragol maçana o el mercuri de Flix. L'any 2007 mos van fer arribar el projecte Castor, que també afecta negativament el Maestrat.

El PPSOE juntament amb la constructora ACS, han tirat endavant aquest projecte. Adequant una antiga planta petrolífera, per emmagatzemar gas. Una de les coses que jo no entenc i que trobo que és de lo més denunciable, a part del fet que va estar pressupostat en 500 milions d'euros i ha acabat costant 1.300 milions, o que a l'estat ja hi ha 4 magatzems i el consum de gas ha baixat un 25%. És el fet que no s'escoltés a l'empresa que va explotar el pou de petroli, que al seu moment ja va advertir, que no s'executés cap activitat semblant per l'alt risc de moviments sísmics (que han arribat a 4,4 d'intensitat), i les fuites de petroli que es van produir al principi de la injecció, contaminant el mar. Però com ja he dit no només mos han enviat coses que en cap altre lloc les volen, sinó que també mos han robat en més d'una ocasió allò que més volem, el riu Ebre.

Per sort en més d'un intent hem guanyat i per sort les vegades que més aigua volien agafar. Crec que no soc l'únic ebrenc que recordem els primers anys de la dècada passada, en rabia i al mateix temps en alegria. Fa més de deu anys vam guanyar una gran batalla a l'estat espanyol, tota la societat ebrenca anava agafada de la mà, anàvem tots a una, tots lluitant per un sentiment, per una terra, per un riu, i vam guanyar! No van poder en nosaltres, i no van poder endur-se l'aigua ni al País Valencià per als grans projectes especulatiu de la costa de Llevant, ni a Múrcia, ni a Barcelona ni enlloc.

I ara Cañete es pensa que podrà? No vas poder quan era pels teus collons, podràs ara que els tenim pelats de tant lluitar junts? A la Sexta aquest passat diumenge quan, l'hi van preguntar per possibles futurs càrrecs va dir "m'agraden totes les guerres", pos tranquil, si intentes robar-mos una sola gota d'aigua et donarem guerra! Ja per acabar com van dir Xeic!, al seu primer treball "ara mos plantem aquí, en los peus ben arrelats, prou de ser el cul del país on fan cap tots los pixats".

Ebre: la lluita continua

Publicat el 26 de març del 2014 al blog Pos això i allò.

"Sempre igual! Per què sempre natros? Per què mos venen a atacar sempre la terra i lo riu? Per què sempre a les Terres de l'Ebre? Per què no mos deixen en pau? Per què sempre mos porten tot lo dolent aquí baix i mos volen robar allò que més volem?" Si sou de fora de les Terres de l'Ebre i escolteu una tertúlia de bar (no futbolística) segurament escoltareu alguna d'aquestes preguntes, i és que són unes preguntes que ens fem els ebrencs, cada vegada més sovint.

I és ben lògic que pensem així, sempre que surt la proposta d'una infraestructura que danya la terra acaba aquí. Des dels anys 70-80 no han parat: nuclears, Enron, mercuri, abocadors, cementiri nuclear, Castor, etc. Per què sempre nosaltres? Per ser el sud de Catalunya, el centre dels Països Catalans? Per ser un territori situat entremig de Saragossa, Lleida, Reus-Tarragona i Castelló? Doncs per això mateix hauríem de tenir bones comunicacions, bones carreteres, bons trens (amb preus econòmics, i bona freqüència) i no pas ser l'abocador d'un estat opressor.

Però el pitjor de tot és que no acaba aquí, el pitjor és que tenim un recurs natural molt preuat, el més important de tots: tenim el riu amb més cabal de la península Ibèrica, un riu que dona vida al nostre territori i al nostre Delta, un delta únic, el segon més gran del Mediterrani, un espai d'importància mundial per ser zona de pas de les aus migratòries, reserva de la biosfera, parc natural, i bressol del motor agrícola més important del territori com és l'arròs. I els irresponsables que ens governen des de Madrid, ens volen robar l'aigua.

No podem consentir que baixin dràsticament el cabal ecològic de l'últim tram del riu. Fins ara, per llei, no podien baixar pel riu menys de 100 m³/s, però ara el govern espanyol proposa que baixin de mitjana anual uns 106,3 m³/s. Un cabal intolerable, ja que hi haurà mesos com els de sequera que podran baixar 60, 50 o 40 m³/s, perquè mentre, al cap de l'any, la mitjana sigui igual o superior a 106,3 m³/s no s'haurà incomplert la llei. El que sí que s'haurà fet és sentenciar a mort el Delta, ja que no només facilitarà la salinització del riu sinó que, com aquest pla també pretén incorporar nous pantans (44 que se sumarien als 32 existents), baixarien molts menys sediments.

Per això és important que aquest diumenge omplim lo delta en un riu de gent, per reclamar un Ebre en cabal mínim de 270 m³/s en anys secs i 350 m³/s en anys humits. De nou la societat ebrenca hem de sortir al carrer per defensar la nostra terra i el nostre riu. Ara bé, sols no podem. Per això necessitem l'ajuda de la gent de tota la nació, hem d'aconseguir que de Salses a Guardamar i de Fraga a Maó es cridi amb una sola veu LO RIU ÉS VIDA!

Aquest diumenge és el moment del jovent del territori, que ja va encendre motor el passat dissabte 22 amb una cadena humana contra el pla de conca a Tortosa. És moment que aquells nens d'ara fa 10-13 anys recordem aquell somriure, aquelles festes que eren les manifestacions de la PLATAFORMA, és hora que aquells nens, ara joves, agafem el relleu en aquesta lluita als que ja no hi són, és hora de recordar la frase que duem marcada a la sang, la frase amb què hem crescut i que ha marcat la nostra vida. És hora de tornar-la a cridar ben alt, que des de Madrid sentin la veu del Delta, la veu del cor dels Països Catalans.

Fa 10 anys vam guanyar, va guanyar lo territori unit i la raó davant d'una imposició injusta, va guanyar aquell riu de gent que va omplir Tortosa, Amposta, Móra d'Ebre, Barcelona, Saragossa, Madrid i Brussel·les; avui tornarem a guanyar. No sabem fins on haurem d'arribar, però tornarem a guanyar, pel passat i pel demà, per la nostra terra i pel nostre futur.

PROU IMPOSICIONS, VOLEM UN DELTA PLE DE VIDA!

La Plataforma en Defensa de l'Ebre ha complert 18 anys, 18 anys de resistència, lluita i dignitat.

El 15 de setembre de l'any 2000 va néixer la Plataforma en Defensa de l'Ebre (PDE), va ser durant una assemblea que es va fer a l'auditori Felip Pedrell de Tortosa. L'assemblea va ser convocada com a resposta a les intencions d'aprovació el Pla Hidrològic Nacional. Segurament aquell 15 de setembre cap de les persones presents era conscient del que estava passant a l'auditori, no només naixia una plataforma en defensa de l'Ebre, sinó que va nàixer una de les entitats més importants del territori, una entitat que va aconseguir aglutinar a gent de les 4 comarques del territori per defensar lo nostre riu i la nostra terra, va aconseguir que les Terres de l'Ebre sortissin al mapa de Catalunya, que tot Catalunya coneixes el seu sud.

A poc a poc la gent de les 4 comarques catalanes per on passa l'Ebre es van començar a sentir orgullosament d'un mateix territori, d'un territori amb un dialecte propi, un dialecte molts cops menyspreat per la gent de les ciutats i que això feia que els estudiants quan marxaven a Tarragona o Barcelona amaguessin el seu dialecte i parlessin un català neutre o com el de les ciutats on anaven. La PDE també va canviar això: el moviment en defensa del nostre riu va despertar un sentiment cap al riu, el nostre territori i el nostre dialecte que va fer que els joves que marxessin a estudiar no amaguessin el parlar.

Aquell moviment va fer que recuperéssim el nom que Sebastià Juan Arbó va ficar a les nostres terres: Terres de l'Ebre. Fins a l'any 2000 no se sentia, ningú deia que era de les Terres de l'Ebre, érem coneguts com les "comarques del sud de Catalunya", "del centre dels Països Catalans", "la Tarragona sud" o directament Tarragona. Gràcies al moviment en defensa de l'Ebre i la PDE vam recuperar la identitat i l'orgull ebrenc; no només vam agafar el nom que ens va ficar Arbó, també vam recuperar el gentilici que l'Artur Bladé ens va regalar "ebrenc/a".

Tot això va ser possible gràcies a la bona feina que ha fet al llarg dels 18 anys la Plataforma, unit a un lema que uneix a tothom "Lo riu és vida"; un lema que es va inventar Salvador Tarragó, a qui tota una generació li deu la seva existència. Sense aquest lema que té tanta força i sentiment, al mateix temps, potser tot el territori no s'hagués unit contra el PHN, potser no haguéssim crescut amb aquest sentiment de pertinença a un territori, potser no ens haguéssim implicat tant a la nostra adolescència i joventut contra la resta d'agressions (Cementiri Nuclear, Castor, massificació eòlica, trens precaris, etc.), potser sense aquest lema i la PDE avui en dia no seríem el que som com a territori.

Per tot això la Núria Caro i jo hem volgut fer un homenatge a la PDE als seus 18 anys creant el projecte "Generació #LoRiuÉsVida", un projecte que va començar el dijous 13 de setembre al Canal Terres de l'Ebre i acabarà al març en forma de llibre editat per Cossetània. Amb aquest projecte volem homenatjar la Plataforma en Defensa de l'Ebre i la resta de plataformes que han lluitat per unes Terres de l'Ebre dignes (CANC, Plataforma Trens Dignes, Plataforma ciutadana en defensa de les Terres del Sénia, FlixNet) i ho volem fer a través dels seus protagonistes directes, els portaveus de les plataformes, però també a través dels ulls dels joves i músics d'arreu del territori.

Aquests 18 anys han marcat tot un territori i tota una generació, per això només queda felicitar a la gent que fa 18 anys que liderant la PDE i la resta de moviments i felicitar-mos com a territori per seguir al peu del canó defensant amb tanta alegria i orgull el nostre territori, el nostre futur.

Defensar els Pirineus per salvar el Delta

Publicat el 5 de novembre de 2018 al blog Pos això i allò i a l'Aguaita

El passat 28 d'octubre es va fer la segona marxa a Yesa. Una marxa en bicicleta, en contra del recreixement del pantà de Yesa, que passa pels diferents pobles afectats pel pantà.

L'embassament es va acabar de construir l'any 1959, després d'expropiar els terrenys més fèrtils i les cases de Tiermas, Escó i Ruesta, tres pobles de la comarca aragonesa de Jacetania. Els terrenys d'aquests tres municipis van ser inundats pel pantà igual que unes aigües termals situades a la població de Termas, unes aigües que eren el motor turístic de la comarca -on fins i tot s'anava a banyar la reina Isabel ll i altres destacats burgesos del segle XIX i principis del XX-. A Franco no li va importar acabar amb el motor agrícola i turístic d'aquests pobles, ni deixar als habitants sense poble, sense casa.

Ara, alguns d'aquests exhabitants estan intentant recuperar les seves cases, però de moment la CHE no els hi vol tornar. I no només això, sinó que pretén ampliar el pantà inundant el camí de Santiago (declarat patrimoni de la humanitat per l'UNESCO) i terrenys d'altres pobles com Artieda o Sigüés.

Aquest pla d'ampliació del pantà -per emmagatzemar més aigua dels afluents de l'Ebre- era una de les propostes del Pla Hidrològic Nacional de José María Aznar. Juntament amb el transvasament de l'Ebre també es va aprovar l'ampliació de Yesa. La població vam poder aturar el transvasament, però no l'ampliació de Yesa. Per això si ara aneu per aquella zona, veureu la construcció d'un mur davant la població de Sigüés, un mur per evitar la inundació de la població en cas que el pantà es desbordi.

Un dels pobles més afectats per l'ampliació d'aquest pantà i, al mateix temps, un dels pobles que més s'ha unit, és el municipi d'Artieda, que no arriba als 100 habitants i que va plantar cara com ningú a l'estat espanyol: aquella batalla sí que va ser un autèntic David contra Goliat.

L'any 2003 van començar les expropiacions, l'Estat va intentar expropiar els terrenys en diverses ocasions: L'intent més polèmic i que més va sonar, va ser l'intent d'expropiació del 10 d'octubre de 2012. L'estat espanyol va utilitzar totes les seves armes, i mai més ben dit, en aquesta ocasió els funcionaris de la CHE encarregats de l'expropiació van anar acompanyats dels antiavalots.

Quan es van trobar la carretera tallada per la gent d'Artieda i de la resta de la comarca, els membres de la CHE es van quedar dintre dels cotxes mentre els antiavalots no van dubtar a fer ús de la màxima brutalitat possible contra joves, nenes i gent gran que estava asseguda a una carretera per defensar les seves cases, les seves vides.

Amb els cops de porra i els caps oberts l'Estat no en va tenir prou i va judicialitzar la lluita contra el creixement de Yesa. Va imputar 8 persones -coneguts com "los 8 de Yesa"-, acusades d'atemptat contra l'autoritat perquè -segons els agents- aquestes 8 persones van agredir als antiavalots. Els vídeos de la defensa demostraven tot el contrari, però l'acusació estava basada en uns vídeos de la policia que ningú de la defensa va poder veure.

Demanaven un total de 27 anys de presó, i finalment van ser condemnats a 2 anys de presó, però com cap dels 8 tenia antecedents, ningú hi va entrar.

El pantà de Yesa no només és una injustícia pels habitants de Jacetania, també és un perill per la comarca, ja que l'any 2004 van aparèixer esquerdes de gran tamany i el 2006 va produir-se un lliscament de terres de 3,5 milions de metres cúbics i el 2007 es van reobrir les esquerdes i els forats i també es va enfonsar la pista que recorre el vessant esquerre.

També és un problema per al nostre riu i per al seu Delta. L'aigua i els sediments que es quedin al pantà de Yesa són sediments i aigua que no aportaran els afluents d'aquesta zona del Pirineu aragonès a l'Ebre.

I guardar més aigua a Yesa, per què? Quina utilitat tindrà aquesta aigua? Serà per millorar la vida de la gent d'Aragó? O només serà per regalar una obra més a Florentino Pérez i especular amb l'aigua?

Diuen que l'or del segle XXI serà l'aigua. Serà l'aigua per als especuladors que només busquen enriquir-se a costa de la natura i del poble. Els problemes amb l'aigua es podrien acabar amb una bona gestió, pública, de l'aigua, amb una nova cultura de l'aigua.
Una cultura que respecti la natura, una cultura que no busqui l'aigua dolça fàcil dels rius per enriquir-se, que miri cap al mar. Hem de treballar per millorar la tecnologia per dessalar l'aigua i deixar als rius que recuperin el seu estat natural. Així

recuperarem l'entorn natural que tant ha malmès l'ésser humà, i així tothom podrà tenir accés a l'aigua sense risc que s'acabi.

Diuen que el preu de l'aigua pujaria, però per això el servei d'aigua ha de ser públic, les institucions han de tenir el control de l'aigua i vetllar que tothom tingui accés i que la flora i la fauna dels rius i deltes no vegi en perill els seus entorns.

En resum: hem de treballar per una gestió pública de l'aigua on la població tingui poder de decisió.

"Yesa no s'imple y Artieda se defende".

Els diners fàcils no ho són tot, al contrari: són res!
Publicat el 7 de gener de 2019 al blog Pos això i allò i a l'Aguaita

El passat 28 de desembre, aprofitant el dia dels innocents, es va fer públic que els rumors que feia setmanes que se sentien per la Ribera d'Ebre, eren certs: Riba-roja es prepara per acollir un abocador de residus industrials no perillosos, un nou abocador a la comarca.

Aquell dia ens vam assabentar que s'estaven tramitant els permisos d'obra i que Urbaser i Griñó ja havien comprat els terrenys. En un primer moment, un bon grapat de gent es va pensar que era una innocentada, però en veure que tots els mitjans del territori parlaven de l'abocador i que uns quants representant polítics comarcals es ficaven les mans al cap i criticaven l'abocador a través de les xarxes van veure que anava de veritat.

Lo nou abocador tindrà una superfície de 34 hectàrees, una inversió de 10 milions d'euros i generarà (en principi) 14 llocs de treball. A canvi de l'abocador els habitants de Riba-roja s'estalviaran l'impost de la brossa (uns 90 euros anuals) i l'ajuntament rebrà un mínim de 240.000 euros anuals, els primers tres anys, i 265.000 a partir del quart any.
Segons el projecte, l'abocador tindrà una vida de 21 anys i 30 anys més de seguiment i control. Un cop es tanqui l'abocador, els residus es quedaran allà, per sempre.

El projecte, format per quatre cel·les independents, tindrà una capacitat inicial de 6.857.067 metres cúbics, més del doble que el que actualment tenim actiu a Tivissa, també a la Ribera d'Ebre, abocador que en principi era pels municipis de les comarques de Terra Alta, Priorat i Ribera d'Ebre i s'ha convertit en l'abocador de més de la meitat de Catalunya. Es calcula que podrà acollir 250.000 tones l'any, 15 tones per hora, que es preveu que procedeixin d'altres centres de valorització de Catalunya.

Aquestes 15 tones per hora faran que cada dia 100 tràilers travessin tota la Ribera d'Ebre per portar els residus a l'abocador. La via principal per on passarien els tràilers és el Pas de l'Ase, la principal carretera d'evacuació en cas d'accident nuclear d'Ascó 1 i 1l. Deteriorant diàriament la carretera amb el seu pas en anar i en tornar, dificultarien l'evacuació d'emergència -no és lo mateix evacuar a la població per una carretera ben asfaltada que desgastada, ni per una carretera sense camions o amb tràilers-.

Però això sí, l'alcalde de Riba-roja, Antonio Suárez, té raó amb alguna de les seves excuses per defensar l'abocador, com per exemple que la Ribera d'Ebre està patint una despoblació per la falta d'oportunitats laborals (Riba-roja en concret ha perdut 200 habitants en els darrers anys). De veritat algú creu que el despoblament es pararà per crear 14 llocs de treball a un macro-abocador? O que aquestes 200 persones tornaran per l'abocador?

També, l'alcalde i els defensors de l'abocador, diuen que el model turístic que s'està treballant a la Ribera d'Ebre no és incompatible amb la industrialització de la comarca, una industrialització per la qual hem de treballar per evitar el tancament de la comarca amb el tancament de les nuclears. Cert, el turisme no és incompatible amb la indústria (i la costa del Camp de Tarragona n'és un exemple), però el que vol portar

19

a Riba-roja no és indústria, no està apostant per una gran fàbrica, està proposant un gran abocador.

Són arguments molt populistes per acontentar a la gent i netejar la cara del projecte, com sempre, s'excusen amb els diners que rebrà l'ajuntament i els llocs de treball que es generaran. Però si realment creuen que amb l'abocador evitaran el despoblament de la comarca: són uns ingenus. Si creuen que la majoria de gent callarem per aquestes excuses de mal pagador: no ens coneixen.

Si el futur postnuclear que proposen alguns polítics per la Ribera d'Ebre és un futur d'abocadors, millor que no proposin res.

Diuen que som una comarca "especialitzada" en residus, energia i aigua. Jo diria que som una comarca on se'ns ha imposat aquest model. Ara tenim l'oportunitat per treballar per una Ribera d'Ebre postnuclear, neta. No cal que deixem aquest model de residus i energia que tant agrada a alguns polítics. Des de les institucions podem promoure portar plantes de reciclatge, en lloc d'abocadors i així fomentem l'economia circular, no? Per què ara que estem a la porta del tancament de les nuclears no apostem per un futur sense residus nuclears i amb menys CO_2? Podem treballar per atraure fàbriques de plaques solars, o aerogeneradors domèstics.
Hem de treballar pel futur comarcal sense oblidar que som una comarca on l'agricultura és present a tots els municipis i des de les institucions s'ha de treballar per potenciar els productes de la nostra comarca i dignificar el sector. Així com, també hem d'aprofitar el potencial turístic que tenim per ampliar l'oferta en turisme rural i familiar de la comarca.

Però el model de comarca que alguns polítics ens continuen imposant ho dificulta. Si els polítics locals continuen venent el territori al millor postor, no farem res.

La comarca necessita polítics valents, amb ganes de treballar, que no acceptin els diners fàcils a canvi de vendre la terra. Necessitem polítics amb ganes de treballar pel seu poble i el nostre territori que es moguin per atraure inversions per millorar les infraestructures i al mateix temps per atraure fabriques i empreses que generin llocs de treball i no trinxin les Terres de l'Ebre.

En resum: no podem permetre que la mediocritat política que encara continua viva a la Ribera d'Ebre faci mal, de nou, a tot un territori i al futur d'una comarca. Sí aquest és el futur postnuclear que alguns volen per la nostra comarca vol dir que no han entès res, que no han entès que vendre la terra és pa per avui i gana per a demà, no han entès que el model de trinxar el territori només fa que empobrir els pobles. I, per tant, com no han entès això i no tenen visió de futur, jo us demano, si us plau, deixeu la política. Seguint per aquest camí no feu cap bé als vostres pobles (en aquest cas Riba-roja) ni a la comarca.

Lluitar contra l'abocador per defensar les Terres de l'Ebre

Publicat el 5 de febrer de 2019 al blog Pos això i allò i a l'Aguaita

Des del 28 de desembre que es va fer públic que Riba-roja s'estava preparant per a l'emplaçament d'un nou abocador de residus industrials i l'avançat estat del projecte, s'han sentit molts arguments en contra i a favor del projecte. Però també s'han sentit mentides i manipulacions per fer veure que l'abocador que Antonio Suárez vol per al seu poble no és tan dolent.

Des dels anys 70 fins a principis de segle la gent de les Terres de l'Ebre ens sentim l'abocador de Catalunya i que les institucions catalanes i espanyoles només ens volien per enviar allò que no vol ningú i agafar-mos allò que més volem. Fa 19 anys vam dir prou! Ens vam alçar contra el transvasament de l'Ebre i vam guanyar aquella guerra i amb aquella lluita van néixer les Terres de l'Ebre, un territori que va passar de la tristesa a l'esperança, de voler marxar a Barcelona o Tarragona a apostar per quedar-se al territori i invertir per dignificar-lo, creant empreses que ofereixen turisme rural i familiar, productes de qualitat i millorar la tecnologia del sector primari.

Aquestes inversions de particulars i les institucions que creuen amb els seus ciutadans i el seu territori es veuen contínuament amenaçades pels polítics que no creuen amb el territori i prefereixen els diners fàcils que els hi porten les empreses que volen fer infraestructures com l'abocador de Riba-roja o altres emplaçaments que trinxen el territori (com la massificació eòlica).

El passat 30 de gener el ple del consell comarcal de la Ribera d'Ebre va aprovar una moció consensuada pel consell d'alcaldes en rebuig a l'abocador de Riba-roja. La moció es va aprovar davant del públic que va omplir la sala de plens. Abans de la votació els diferents grups i consellers que van voler van poder explicar el sentit del seu vot, durant el torn obert de paraula. Durant aquest torn l'alcalde de Riba-roja no va demanar paraula rebutjant així l'oportunitat que tenia de defensar l'abocador davant del públic i la resta de consellers. Per què no va parlar? De què tenia por? De quedar en evidència com Jordi Jardí, alcalde de Tivissa. Jardí va repetir el seu discurs atacant els contraris a l'abocador per ser partidistes (oblidant-se que regidors del seu mateix partit també havien entrat i aprovat aquesta mateixa moció a alguns ajuntaments, consells comarcals i la Diputació de Lleida).

Jardí, igual que altres favorables a l'abocador, va dir que l'abocador no era dolent perquè portava diners a l'ajuntament i així podia millorar el servei a la ciutadania. D'acord, però a quin preu? Al preu de tenir per sempre un forat ple de brossa industrial? Al preu de tenir un abocador a prop d'uns aqüífers (com és el cas de l'abocador de Tivissa). De totes maneres, diversos ajuntaments han demostrat que es poden millorar els serveis a la ciutadania sense vendre la terra, tot és qüestió de prioritats i dignitat política, però tots sabem el preu de la dignitat d'alguns polítics.

Aquests dies també hem sentit, de forma malintencionada, que Flix s'estava preparant per acollir un abocador industrial de materials perillosos i tòxics, cosa totalment falsa. És cert que durant el 2017 a Flix se li va oferir acollir aquest abocador, però alguns s'obliden d'explicar la segona part de la història: des del primer moment l'Ajuntament de Flix va renunciar a acollir-lo. Però això ho diuen ara, per crear tensions entre els partits i polítics contraris a l'abocador de Riba-roja i per fer veure que el seu abocador no és tan dolent, que n'hi ha de pitjors. Caldria saber com és que Jardí i Suárez coneixen les converses privades que van tenir l'empresa TMA Grup Sánchez i l'Ajuntament de Flix.

Al mateix temps que fan moure aquests arguments manipulats per l'entorn favorable a l'abocador i per alguns mitjans del territori. Diuen que la gent de fora de la Ribera d'Ebre o directament la gent de fora de Riba-roja no es pot pronunciar, ja que aquestes pronunciacions xoquen frontalment contra la independència del municipi de Riba-roja.

Aquest nou atac a la Ribera d'Ebre no és una lluita de poble o comarca, és una lluita en defensa de les Terres de l'Ebre i les comarques properes a la Ribera d'Ebre (Baix Camp, Garrigues, Priorat i Segrià). És una lluita per defensar una de les reserves de la biosfera de Catalunya, és una lluita per protegir el camí d'ampliar la reserva de la biosfera fins al nord de la Ribera d'Ebre i així aconseguir que totes les Terres de l'Ebre siguin reserva de la biosfera per la UNESCO. Per això és normal que davant d'una lluita de territori entitats i institucions de fora de la comarca es pronunciïn, igual que és normal que davant d'una lluita de país com és la lluita en contra del transvasament de l'Ebre o el Castor entitats i institucions d'arreu de Catalunya es pronunciïn i se solidaritzin amb el nostre territori.

Estaria bé que per un cop es deixessin de mentir, manipular i utilitzar arguments buits per defensar allò que no vol ningú. Si la gent no ho vol, no és perquè no rebran diners o per una qüestió electoralista, és perquè s'estimen el territori i el volen defensar davant dels continus atacs siguin dels colors que siguin. Hi ha gent en contra dins i fora de la comarca que forma part d'ERC, PDeCAT, CUP, PSC, PP i Solidaritat.

Aquest fet demostra que els càrrecs electes contraris a l'abocador no ho estem per la proximitat de les eleccions, és perquè creiem amb el territori i l'estimem.

La força de seguir

Publicat el 4 de març de 2019 al blog Pos això i allò i a l'Aguaita

Fa 18 anys va néixer la Plataforma en Defensa de l'Ebre, i amb ella una cultura de respecte al nostre riu i al nostre territori.

Aquests 18 anys no han sigut anys fàcils, durant els últims 18 anys ens ha tocat sortir molt al carrer per defensar lo nostre territori i la seva dignitat. Vam començar lluitant contra el transvasament de l'Ebre i l'Enron, i hem continuat lluitant contra abocadors, massificació eòlica, cementiri nuclear, Castor, un servei ferroviari digne o contra la contaminació del pantà de Flix.

Per aquest motiu l'any passat la Núria Caro i jo vam començar el projecte Generació lo riu és vida un projecte per narrar les diferents lluites a partir del testimoni de les persones que han liderat les diferents lluites i de la gent jove que al poc de nàixer ja havíem de sortir al carrer per defensar l'Ebre i hem seguit sortint per la dignitat de les nostres comarques.

La idea d'aquest llibre em va venir al cap el 7 de febrer del 2018. Baixant a treballar a Tortosa el Facebook em va recordar que dos anys abans estàvem milers de persones a Amposta manifestat-mos contra el nou PHN. Després de veure les imatges vaig començar a llegir el llibre "L'Ebre, un riu que fa pujada", d'Artur Gaya, llegint el llibre amb les imatges d'Amposta al cap vaig començar a recordar altres manifestacions i moviments de les Terres de l'Ebre i pensant com plasmar totes les lluites i fer un petit homenatge a la gent que sempre ha estat al peu del canó em va venir la idea del llibre. Li vaig comentar a la Núria de fer-lo, i conversa rere conversa plantejant lo llibre, el projecte es va anant fent gran i ha acabat sent un programa de televisió i un llibre.

Durant aquest projecte hem pogut conèixer anècdotes, sentiments i llocs especials de la gent que ens ha ajudat; hem descobert llocs màgics; hem conegut vivències i anècdotes mentre recordàvem les nostres; hem après què és la dignitat, la lluita, l'entrega, la constància o el sacrifici a través d'algunes de les millors persones de les Terres de l'Ebre; hem vist que la constància i la il·lusió és la clau de tot el que es fa a la vida, sigui un projecte o organitzar-te per aconseguir un objectiu.

Ara que entrem al mes de març estem a punt de veure materialitzada l'última part del projecte. A mitjan març sortirà publicat el nostre llibre, Generació lo riu és vida, un llibre que, com el programa de televisió que vam dirigir entre el setembre i el novembre al Canal Terres de l'Ebre, narra les grans lluites que hem tingut els darreres 18 anys a les Terres de l'Ebre. Al llibre, editat per Cossetània, podreu recordar les grans mobilitzacions i els moments claus de cada lluita, al mateix temps també podreu conèixer algunes anècdotes i la música que mos ha acompanyat durant aquests 18 anys i que ja s'han convertit en himnes de lluita. Tot això a través de la visió dels xiquets i xiquetes que hem crescut amb les mobilitzacions.

Han estat molts mesos de molta faena, des de mitjan maig fins a finals de desembre. Durant els primers quatre mesos vam estar quedant amb les 20 persones que ens han explicat les seves vivències, els seus punts de vista i ens han explicat el dia a dia de la lluita. I des del setembre fins al desembre vam estar fent un treball de recerca, per conèixer més a fons els diferents temes que tractem al llibre, i vam escriure el llibre completant la cerca amb les converses amb els protagonistes.

Aquest cap de setmana, durant el rodatge del videoclip de la cançó que Pepet i Marieta ha escrit amb motiu dels 18 anys de la Plataforma en Defensa de l'Ebre, es va poder veure plasmada una imatge del que pretén ser el llibre. Un llegat de lluita a través de la gent que ha sacrificat hores pel bé de tots acompanyats de la música alegre de les Terres de l'Ebre i gent jove conscienciada amb una gran estima pel territori i moltes ganes d'ajudar per preservar lo nostre riu.

Lo dissabte, a Amposta, hi havia gent de totes les edats, des de nadons fins a jubilats. Hi havia la gent de sempre, els i les portaveus que des del primer moment han estat davant, però també gent jove i adolescents amb la samarreta blava i ganes de cridar "lo riu és vida" i participar dels 18 anys de la Plataforma en Defensa de l'Ebre i del videoclip de Pepet. Aquest fet constata que generació rere generació seguirem al peu del canó, continuarem lluitant per defensar l'Ebre i el nostre territori. Continuarem amb tota la força que ens dona la constància.

Ara que ja hem celebrat els 18 anys...

Publicat el 2 d'abril de 2019 al blog Pos això i allò i a l'Aguaita

Ara que ja hem celebrat els 18 anys de la Plataforma en defensa de l'Ebre, ara que han passat 18 anys de les primeres grans mobilitzacions de les Terres de l'Ebre contra el transvasament d'Aznar i Jordi Pujol, 18 anys de les accions contra l'Enron de Móra la Nova, 18 anys de la primera gran oposició a la massificació eòlica. 18 anys després les Terres de l'Ebre seguim igual, en peu de guerra.

Des que va nàixer la PDE, portem molts anys de continus intents de transvasament de l'Ebre i de contínues mobilitzacions, les últimes grans van ser l'any 2016. Tres anys després el Tribunal Suprem (seguint amb la seva tasca de tribunal polític) ha donat la raó a l'estat espanyol tombant el recurs que la Plataforma i alguns ajuntaments del territori van posar contra el Pla Hidrològic Nacional.

La decisió del tribunal, juntament amb el discurs d'alguns partits espanyols ens fa veure que estem tornant a principis de segle, pareix que l'estat vol tornar a intentar un passeig militar per ous, que com fa 18 anys aturàrem per ovaris.

Al contrari del Pla Hidrològic Nacional del 2000 pareix que ara tots els partits catalans i el Govern estan amb les Terres de l'Ebre i el poble català defensant el riu Ebre, però no tots els polítics catalans estan convençuts de defensar les terres de l'Ebre.

Alguns polítics de Barcelona i de les Terres de l'Ebre que es solidaritzen amb la PDE no ho fan amb la gent de la Terra Alta. Com fa 18 anys, al mateix temps que l'estat mou un PHN, la

Generalitat promou la massificació eòlica de la Terra Alta (i algun alcalde de la Ribera d'Ebre ja ha ofert el seu municipi per ficar els molins si a la Terra Alta no els volen).

L'oposició a la massificació eòlica de la Terra Alta és molt àmplia, dins i fora de la comarca, societat civil, entitats, partits, ajuntaments i la denominació d'origen Terra Alta s'han mostrat en contra. I és ben normal, la Terra Alta amb deu mil habitants genera energia eòlica per abastir més d'1 milió de persones, potser ja en generen prou, no?

L'intent d'ampliar la massificació eòlica de la Terra Alta no és l'únic paral·lelisme que ens trobem avui en dia amb l'any 2000. L'any 2000 a la comarca de la Ribera d'Ebre es plantejava fer una central elèctrica de cicle combinat a Móra la Nova, una central que generaria energia i molts gasos contaminants. Actualment, la gent de la Ribera d'Ebre no tenim sobre la taula una central de cicle combinat, però tenim el projecte d'un nou macroabocador a la població de Riba-roja.

Un abocador de residus industrials que seria més del doble de gran que l'actual abocador de Tivissa, un abocador tan gran com 32 camps de futbol. Un abocador que generarà 14 llocs de treball a canvi d'omplir de merda durant 21 anys la superfície de 32 camps i que un cop ple l'abocador la merda es quedarà allà, però les empreses promotores i els 14 llocs de treball marxaran. Això és futur i dignitat territorial?
Pareix que els alcaldes de l'escola dels anys 70, no han desaparegut. Seguim tenint alcaldes disposats a vendre els seus pobles i la seva terra a canvi de 4 llocs de treball i 4 rals.

Com no veuen que això és pa per avui i gana, molta gana, per a demà, el poble, com sempre, hem de sortir al carrer i demostrar que volem una terra digna.

Pareix que tornem a l'any 2000, mobilitzacions per defensar el riu Ebre i el seu Delta, mobilitzacions contra la massificació eòlica i mobilitzacions per defensar la terra de la Ribera d'Ebre. Com fa 18 anys, com fa 10, com fa 8, com fa 3: TORNAREM A GUANYAR!

Almatret i l'Ebre també han de decidir
Publicat el 6 de maig de 2019 al blog Pos això i allò i a l'Aguaita

Els favorables a l'abocador de Riba-roja apel·len a la sobirania municipal i al dret a decidir de Riba-roja sobre si el municipi vol o no l'abocador, la qual cosa trobo raonable fins i trot comparteixo una part. Estic molt a favor que la ciutadania voti què vol pel seu poble i sobretot en un projecte tan clau, com aquest, que pot afectar el desenvolupament del municipi i els pobles veïns.

Però sorprèn que la gent que apel·la al dret a decidir de Riba-roja no demani un referèndum, ni tan sols una consulta no vinculant, l'únic que demanen és que la gent de la comarca i el Conseller no es fiquin pel mig ni portin la contrària al seu alcalde, potser volen decidir per totes les Terres de l'Ebre qui ha de ser delegat de Territori i Sostenibilitat a les Terres de l'Ebre. Davant d'un nou atac al territori és normal que la gent de la comarca i dels pobles veïns del Segrià es fiquin les mans al cap i demanin accions als seus representants polítics.

És normal que gran part de la població de la Ribera d'Ebre i del Segrià estiguin en contra de la nova agressió, som un territori agrícola que els últims anys ha apostat per un producte de qualitat que pot veure com l'abocador afecta negativament els seus camps. Els pagesos que tenen els camps a prop de l'abocador que ja tenen a Tivissa veuen com contínuament se'ls omplin els camps de plàstics. Però els plàstics no són l'únic problema, n'hi ha un de molt més greu i important: els lixiviats i el metà. Els lixiviats és el resultat de la mescla dels líquids que s'enterren als abocadors o dels productes abocats que amb el pas del temps passen d'estats sòlids a líquid en part per l'afectació dels productes líquids que s'aboquen i/o per l'aigua de la pluja, els lixiviats precipiten fins al fons del forat corrent el risc que si la capa impermeable no està ben feta o es fa malbé, els lixiviats es filtrin al sòl i acabin arribant al riu. La capa impermeable es pot fer malbé pels mateixos lixiviats. També, parlant del riu, s'ha de tenir en compte que l'abocador el volen ficar a una vall que desemboca al riu Ebre, això pot provocar que els plàstics que volin o que siguin arrossegats per una forta pluja fins al riu Ebre i del riu passin al mar (la majoria de plàstic que hi ha als oceans arriben així), les fortes pluges no només poden agilitzar l'arribada dels plàstics al riu, també de productes contaminants com els lixiviats o olis.

Al mateix temps que s'ha apostat pel producte de qualitat també s'ha apostat per un turisme familiar. Quantes famílies voldran venir a partir d'ara a fer una ruta en bici o caminant per la zona de les Valls? I no només és preocupant l'abocador per les rutes de la zona, també és preocupant perquè l'abocador estarà just davant del mirador d'Almatret. L'abocador estarà a 3 quilòmetres del nucli d'Almatret (i a 8 del nucli de Riba-roja), afectant directament les vistes d'Almatret que fins ara veien unes valls verdes i ara veuran unes valls marrons i plenes de residus. Qui voldrà apropar-se al mirador ara? Qui voldrà anar a Almatret, un poble que tindrà un abocador a tocar i que el veurà a "vista de dron"? Si al mes de gener quan estàs a més de dos quilòmetres de l'abocador de Tivissa ja et ve la mala olor, quina olor et vindrà a l'estiu a 3 quilòmetres d'un abocador molt més gran del de Tivissa? Això més les vistes als continus petits incendis habituals dels abocadors provocats pel metà.

Vist això, potser necessita més decidir Almatret i Maials que Riba-roja, potser necessita decidir Riba-roja i també els altres pobles del nord de la Ribera d'Ebre, potser ha de decidir tota la comarca o el territori. Les Terres de l'Ebre generem el 5% dels residus industrials de Catalunya i tenim dos abocadors industrials (a Tivissa i Mas de Barberans) mentre que el Camp de Tarragona genera el doble de residus i té la meitat d'abocadors: Això és equilibri territorial? Potser és moment que les Terres de l'Ebre i Catalunya decidim quin model territorial i de desenvolupament industrial volem. El govern de Catalunya no pot fer territoris de primera i de segona, no pot permetre que uns territoris tinguin la major part de la indústria i els llocs de treball i que altres territoris tinguin més abocadors dels que necessiten pels residus que generen i un d'ells, lo projectat a Riba-roja, un dels més grans de Catalunya.

Per això, espero que les accions dels alcaldes de la zona i de la Generalitat acabin bé i es pari aquesta barbàrie que volen ficar a Riba-roja, que tot i parant-lo no s'acabarà amb els problemes dels residus.

Al sistema capitalista, al que vivim, els abocadors són necessaris perquè a les empreses els hi surt més rendible econòmicament extreure i utilitzar metalls i plàstics nous que recuperar i reutilitzar el material ja existent. Necessitem un canvi de mentalitat de la classe política i dels empresaris per evitar que això continuï sent així, però també necessitem un canvi de xip dels consumidors, a l'hora de consumir hem de prioritzar els productes reciclats i sostenibles i aprofitar més els aparells, per exemple, canviem de mòbil no l'hem de llançar, el podem reaprofitar venent-lo o donant-lo a una ONG (però no cal canviar de mòbil cada cop que surt un nou model). Si volem salvar el planeta i parar de foradar lo territori per enterrar residus aquests canvis de mentalitat són indispensables.

Mosca negra: un símptoma del maltractament al riu

Publicat el 3 de juny de 2019 al blog Pos això i allò i a l'Aguaita

Fa molts anys que per les notícies i les xarxes socials sentim a parlar molt de la mosca negra.

Aquest any s'està visualitzant molt el problema de la mosca negra per les denúncies dels pagesos i ramaders que treballen als pobles per on passa l'Ebre.

La mosca negra, com moltes de les plagues que contínuament veiem per televisió són símptomes del maltractament que està patint el planeta i l'entorn natural per part de l'ésser humà.

En el cas del riu Ebre el maltractament és molt evident, i la mosca és una causa més, ja fa anys que l'aigua baixa massa "neta", amb això el que vull dir és que l'aigua baixa massa cristal·lina i abans dels pantans i dels embassaments no era cristal·lina, era més marro gràcies als sediments que arrossegava fins al Delta de l'Ebre. Tot i les preses l'aigua continuava baixant poc cristal·lina per les aigües urbanes que es llançaven al riu sense passar per les depuradores, fins que (per sort) es van construir les depuradores i vam començar a tornar l'aigua al riu com l'havíem agafat.

Però els darrers 20 anys l'aigua cada dia ha baixat més lenta i més cristal·lina, gràcies a les preses i embassaments gestionats per les elèctriques amb el vistiplau de l'Estat espanyol i la CHE que només busquen diners sense importar l'impacte que tenen les seves accions sobre l'entorn natural i les persones que vivim al territori.

I tot això per què ho dic?, us preguntareu. Ho dic perquè el principal problema que té el riu Ebre és que baixa massa net, massa cristal·lí.

En baixar sense sediments, a part d'afavorir i accelerar la desaparició del Delta, també fa que la llum del sol, un dels principals nutrients de les plantes, arribi al fons del riu sense pràcticament cap problema alimentant així totes les algues del riu afavorint el seu creixement i la seva reproducció. Amb l'augment de les algues i de la seva mida, les mosques negres, tenen més aliment i més zones on viure i reproduir-se amb facilitat. Aquest és un dels principals motius pels quals la població de mosca negra ha crescut dràsticament els últims 20 anys a les Terres de l'Ebre, també, hem d'afegir la desaparició de peixos autòctons del riu Ebre a causa de les espècies invasores que també han canviat el medi menjant-se els aliments de les espècies autòctones o directament menjant-se els peixos autòctons del nostre riu.

Al mateix temps que les empreses elèctriques i la CHE guanyen diners a costa del nostre entorn i el nostre benestar veiem com la Generalitat de Catalunya s'ha de gastar milions d'euros anualment per fumigar les zones de Catalunya que estan plagades de mosca negra i així reduir la seva població. És a dir: entre tots els catalans paguem per intentar arreglar la malesa provocada per l'Ibex-35 i la CHE.

La fumigació de la Generalitat no és més que un intent de pedaç per reparar superficialment un problema que s'ha d'arreglar des de l'arrel. Ja que per molt que es fumigui el problema sempre estarà i, al damunt, contaminem el riu i afectem altres insectes, animals i plantes del riu.

La fumigació per ser efectiva s'ha de fer anualment i a temps si no, no es maten suficients exemplars i provoques que l'any següent encara tinguem més mosca negra, que és lo que ha passat enguany.

Tots recordarem l'aplicació del 155 i com va afectar en alguns dels aspectes de la nostra vida o de les institucions, entre altres coses la convocatòria de places per treballar a l'administració pública o la fumigació de la mosca negra, que a causa del 155 es va fer tard i malament.

Per haver fet la fumigació del 2018 tard i malament enguany tenim més mosca negra de lo normal i, per tant, més picades a les persones i als animals. Els darrers dies per les xarxes s'han pogut veure fotos i vídeos d'animals de granja refregant-se per terra o contra un arbre per calmar la picor de la picada de la mosca o de cabres que no volien sortir del corral per por a les picades. Això no es pot consentir, és una vergonya que per la bona vida de l'Ibex-35 els ramaders i pagesos de les Terres de l'Ebre hagin d'aguantar diàriament picades de Mosca negra en primera persona o als seus animals, és lamentable veure com al govern de l'estat espanyol no li importa la situació de més de 180.000 persones i del sector primari del sud de Catalunya, ja que les picades de mosca negra afecta a la qualitat dels productes ramaders del territori per l'estrès que això els hi suposa als animals.

La fumigació de la Generalitat de Catalunya no pararà la mosca negra, hem de reparar el riu començant per deixar baixar més aigua i sediments, i, per desgràcia, a l'Estat aquest poder només el tenen les elèctriques i el govern espanyol, no la ciutadania ni la Generalitat.

Fem rebrotar la Riberad'Ebre

Publicat el 3 de juliol de 2019 al blog Pos això i allò i a l'Aguaita

El diumenge a la nit els bombers de la Generalitat van donar per controlat l'incendi forestal que des del dimecres passat crema el nord de la Ribera d'Ebre.

La desgràcia dels incendis va tornar a sacsar la Ribera d'Ebre, aquest cop al nord. El dimecres va començar un incendi entre la Torre de l'Espanyol i Vinebre que ha afectat diversos pobles de la Ribera i el Segrià, arribant al punt d'haver de confinar pobles sencers pel fum i les cendres, d'evacuar més de cinquanta veïns o preparar un poble per una possible evacuació en veure les flames arribant al nucli urbà del municipi.

Per sort, gràcies a la feina dels bombers i dels pagesos de la zona el foc no ha arribat a cap poble i s'ha acabat controlant. Els pagesos van ajudar mullant a les zones on encara no havia arribat el foc mentre els bombers lluitaven contra el foc per terra i aire. La gran faena valenta i indispensable dels bombers ha acabat apagant un dels pitjors incendis dels últims 20 anys a Catalunya, gràcies a ells un incendi que es preveia que arribaria a les vint mil hectàrees no ha arribat a les deu mil.

Però per desgràcia quan passen desastres sempre hi ha qui s'aprofita per riure's dels que pateixen, sigui per fer la gràcia o per aprofitar el foc per insultar a Catalunya o l'independentisme.

Aquests dies hem vist comentaris a les xarxes de gent rient-se de Catalunya perquè la Unitat Militar d'Emergències de l'exèrcit espanyol ha vingut a ajudar a apagar el foc de la Ribera d'Ebre. I sincerament, només faltaria que no vinguessin, per això estan, i per això els impostos de tots els catalans (vulguem o no) també van a parar a l'exèrcit espanyol.

Dit això, la meva opinió personal de pacifista em fa continuar pensat que els exèrcits han de deixar d'existir. Els exèrcits són cossos militats pagats pels governs estatals per ocupar altres estats per afavorir les grans empreses i regalar-los-hi la matèria primera dels estats més «dèbils». És cert que també van a altres països a fer ajuda humanitària, moltes vegades després d'haver passat una guerra per la zona. Mos hauríem de preguntar si aquesta ajuda humanitària és per netejar la cara de les ocupacions militars o per convenciment humanitari -veient el que està fent Europa a la Mediterrània i els Estats Units a la frontera amb Mèxic és evident que és per netejar la cara-.

És cert que hi ha unitats per ajudar els bombers a apagar els incendis, però també és cert que si no existissin, potser, els diners dels exèrcits els podríem dedicar als bombers per tenir més unitats arreu del territori i dotar-los de més i millors recursos. Però això és una simple opinió que es pot compartir o no.

Dit tot això, ara, a la Ribera d'Ebre no mos toca plorar o enfadar-mos, ja fa molts dies que plorem per la nostra terra, els nostres camps i les nostres granges. Ara toca treballar per tornar a somriure, toca ser solidari amb qui ho ha perdut tot (o quasi tot) com ho hem sigut amb els bombers i les persones desallotjades per les flames. Si hem estat uns dies recollint menjar i beure per ells, ara, toca ajudar a aixecar les granges cremades i ajudar a omplir-les, ara toca ajudar a les entitats de la Ribera d'Ebre, com el Centre d'Estudis de la Ribera d'Ebre (CERE), els ajuntaments afectats i al Consell Comarcal de la

Ribera d'Ebre a replantar la zona i recuperar el seu verd i el nostre somriure com més aviat millor.

Per això són necessàries iniciatives voluntàries com la dels ramaders de Catalunya que han donat bestiar a qui l'ha perdut, campanyes de micromecenatge per poder pagar el transport o iniciatives com Rebrotarem la Ribera d'Ebre per mirar de coordinar els donatius.

Qualsevol ajuda, qualsevol iniciativa solidària, sempre coordinada amb el CERE i les institucions afectades, és necessària, imprescindible i serà molt benvinguda.

Lo diumenge a la tarda la Núria Caro i jo vam fer públic que donaríem el 50% dels drets d'autors del llibre «Generació #LoRiuÉsVida» a la recuperació dels espais cremats. I aprofitant tot això vull acabar l'article animant a tots i totes a aportar el vostre granet de sorra per recuperar aquest racó molt desconegut del sud de Catalunya, un racó que no és el més fotografiat de Catalunya, però que tenia – i tindrà- el mateix encant que qualsevol altre espai natural del nostre planeta.

I mentre fem rebrotar la Ribera d'Ebre haurem de fer autocrítica com a país i reflexionar sobre quin país i quin govern volem. Volem un país amb les zones rurals despoblades i, per tant, que cada cop els boscos estiguin pitjor i sigui menys difícil apagar incendis? Volem uns governs ambientofòbics que només mirin pels interessos de les empreses i no es preocupin pel canvi climàtic, un dels pitjors enemics dels bombers per apagar un incendi, ja que amb el canvi climàtic les temperatures són més altes i els camps més secs? Volem uns

41

governs que no inverteixen prou en bombers o polítiques forestals?

La societat ha de fer-se estes preguntes i els governs locals, català i espanyol han de donar resposta a les demandes de la societat i començar a fer polítiques reals contra el canvi climàtic, el despoblament i per millorar els boscos.

Ningú mos deixa guardar la samarreta blava amb lo nus

Publicat el 4 d'agost de 2020 al blog Pos això i allò i a l'Aguaita

Passen els anys i hem de continuar lluitant per l'Ebre i la dignitat del Territori. És igual qui governi i on, és igual que governi la dreta o esquerra, és igual que siguin unionistes o independentistes. No importa mirar cap al govern espanyol, català o governs municipals. No importa res, mani qui mani i on sigui tenen l'ull ficat a l'Ebre.

Tenen l'ull ficat a l'Ebre i no per parar l'agonia del Delta i l'Ebre, tenen la mirada a l'Ebre per agafar aigua sense importar les conseqüències que tindrà pel Delta ni per la flora i la fauna que viuen al llarg de l'Ebre, no miren a l'Ebre per impulsar la indústria i l'agricultura al voltant del riu i donar un futur als ebrencs i ebrenques que volen viure aquí. Només importen els diners.

Durant el mes de juliol han arribat noves males notícies pels defensors de l'Ebre. La primera mala notícia va ser la sol·licitud de transvasament d'aigua de l'Ebre cap a Cantàbria. Una sol·licitud de transvasament de 4,99 hm³ d'aigua feta per Cantàbria i amb l'aval de la CHE (Confederació Hidrogràfica de l'Ebre).

Immediatament, la sol·licitud de transvasament a Cantàbria va ser rebutjada pel front institucional de les Terres de l'Ebre aprovant mocions a ajuntaments i consells comarcals. Per desgràcia a la meva comarca, la Ribera d'Ebre, el consell comarcal no va aprovar la moció per unanimitat. El PSC i la FIC es van abstenir. Suposo que pel PSC és més important l'estat espanyol que el territori on viuen i no cal dir res del representant de la FIC, Antonio Suárez, l'alcalde ebrencs que ha portat un altre projecte lamentable al territori en forma de macroabocador.

Però això no és tot, el dimecres, 29 juliol el ple municipal de l'Espluga de Francolí va aprovar l'últim pas per tirar endavant lo projecte del ramal per fer arribar l'aigua de l'Ebre a l'Espluga. Per tirar-ho endavant l'ajuntament i el CAT (Consorci d'Aigües de Tarragona) han firmat el conveni per executar les obres del projecte.

Aquest ramal és un projecte que costarà més d'1,4 milions d'euros, la diputació pagarà 500 mil euros del projecte i l'ACA (Agència Catalana de l'Aigua) uns altres 500 mil euros.

Veient totes les institucions implicades al projecte del ramal de l'Ebre cap a la Conca de Barberà tot fa indicar que es tirarà endavant i que compta amb la complicitat del govern català i del govern de la diputació.

Per tant, així com abans he dit que pel PSC de la Ribera d'Ebre pareix que sigui més important l'estat espanyol que el territori on viu, també diré que espero que les federacions ebrenques dels partits catalans reaccionin amb aquest transvasament català com amb el transvasament de Santander. En especial els partits que tenen la majoria d'alcaldies del territori (JxCat i ERC), que al mateix temps són els partits del govern i els partits majoritaris a la diputació.

Espero que els ajuntaments implicats, la diputació i la Generalitat s'adonin que això és un pedaç que no servirà de res, és un pedaç que taparà un forat temporal, però que d'aquí a un temps tornarà a sortir aquest problema al mateix lloc o a un

44

altre. I que farem? Tornarem a agafar més aigua de l'Ebre o d'un altre riu? Pedaços així l'únic que fan és allargar el problema i acabar amb els entorns naturals.

És evident que Catalunya, com l'estat espanyol, tenen un problema greu amb l'aigua dolça, a poc a poc la península Ibèrica es va desertitzant i si continuem traient aigua dels rius, s'anirà agreujant i a més a més farem desaparèixer els deltes dels rius.

És una llàstima que els representants polítics es dediquin a fer lo fàcil (transvasaments) i no a fer un davant sobre el problema i buscar solucions ambientalment responsables per acabar amb lo problema i deixar d'afectar negativament els espais naturals que necessiten aigua dels rius.

La península està rodejada d'aigua salada, per què no la utilitzem per abastir d'aigua part de la península i donar un respiro als rius? Clar, és més fàcil i més rendible econòmicament pels amos de l'estat ficar 4 canonades que ficar plantes dessaladores i canonades. Així no anem bé.

Tampoc anem bé si les institucions catalanes (ajuntaments, diputacions i govern) s'obliden que el febrer del 2016 estaven a Amposta manifestant-se al nostre costat, contra el Pla Hidrològic de Rajoy i ara promouen un transvasament. No se'n recorden del febrer del 2016? Estan fent lo mateix, però amb una altra bandera.

Així no companys, així no anem bé com a país.

Política

Europa: indignació interna, indiferència externa
Publicat el 14 de novembre de 2015 al blog Pos això i allò

Fa poc més de dotze hores dels atemptats de París, dotze hores en les quals he sentit de tot: impotència, ràbia pels fets i també per la doble moral humana. Sense oblidar totes les coses que he pogut llegir en les poques hores que han passat, des d'islamofòbia fins a catalanofòbia.

Europa avui plora la tragèdia de París, inclús el Facebook ha ideat una eina per a la gent que està a la capital francesa perquè digui si estan bé o no, una eina molt útil per evitar l'angoixa dels seus familiars, amics i amigues. Però, per què aquestes llàgrimes només surten quan moren europeus o nord-americans? Per què aquestes llàgrimes no surten quan la bomba explota a Síria, Sàhara, Palestina o Iraq? Per què aquestes aplicacions del Facebook no surten quan el terror envaeix estats no "occidentals"? És per què són estats asiàtics o africans? O per què són estats pobres i en contínues guerres per culpa dels països occidentals?

No és casual que l'objectiu sigui França, França va armar els rebels sirians per crear una guerra civil a Síria (de la qual s'ha desentès) i poder tombar Al-Assad, va regalar armes sense controlar a qui li donava i, ara un cop tombat Al-Assad, els rebels volen més armes i més diners i com no ho tenen ataquen a civils innocents. Com a totes les guerres, qui rep és el poble, en aquest cas el poble francès i el poble musulmà que viu a Europa.

No tots els musulmans i musulmanes són de l'estat islàmic, com no tots els cristians són de l'Opus. Per què generalitzem amb les altres religions? Per por? Per què són de fora? O per què són pobres que venen a buscar un futur? La resposta, crec jo, és la primera i la tercera; és problema de la classe social. Tenim por al pobre de fora, no tractem igual al marroquí que ve a treballar a la fruita que al qatarià que deixa el iot al port de Tarragona.

I per què els hi tenim por? Per la manipulació dels mitjans de comunicació i pel discurs nazi i fàcil de "primer els de casa". Però, i si en comptes de dir primer els de casa, tancar fronteres, anomenar crisi quan milers de persones venen a Europa de cop, busquem solucions? És molt fàcil criticar i no fer res per a solucionar el problema. I si en comptes d'aixecar murs de la vergonya a Ceuta, Melilla o Hongria els hi tornem el que és seu? I si deixem de robar els recursos naturals i deixem que els seus governs gestionin el seu estat en lloc de dirigir-los des d'Europa i en cas de no obeir a Occident li organitzem una guerra civil de la qual després no volem saber res de les conseqüències?

Com diuen per les xarxes, jo, avui "soc França", però cada dia soc aquell nen palestí que té por d'anar a dormir i no despertar-se per culpa d'una bomba, soc aquella nena siriana que vol escapar del caos, de la fam, de la mort, soc el poble kurd, soc Sàhara, soc totes les nacions oprimides i tots els pobles que reben atemptats europeus, cristians o islàmics.

Defensar Catalunya és defensar la democràcia

Publicat el 16 de juny de 2017 al blog Pos això i allò

L'1 d'octubre Catalunya podrà votar sobre el seu futur, podrà decidir que vol ser: seguir a l'estat espanyol o ser una república independent. Però l'1 d'octubre no només està en joc la llibertat del poble català, també la democràcia espanyola. L'esquerra espanyola té l'oportunitat de començar un procés que porti al trencament del règim del 78, el republicanisme espanyol pot prendre exemple i treballar per arribar a la república espanyola. Les nacions de l'estat espanyol poden aprofitar aquesta oportunitat i agafar força, perdre la por i lluitar per arribar a la seva república. Serà una gran espenta per la resta dels Països Catalans, cada dia més maltractats pels governs centrals (espanyol i francès). Catalanofòbia.

Però això només s'aconseguirà si l'esquerra espanyola fa un pas endavant, és valenta, defensar les urnes i s'oblida de la pressió mediàtica. Això només passarà si el poble espanyol agafa de la mà al poble català i l'ajuda a convocar el Referèndum, reclamar les urnes l'1 d'octubre. Només així Catalunya tindrà força per guanyar a l'estat autoritari, només així l'Estat espanyol podrà arribar a tombar el règim del 78, de la constitució redactada per alguns dels que haurien d'haver estat tancats, de la monarquia ficada ha dit pel dictador (el poble no va poder decidir si volia recuperar la república del 31 o la monarquia del 30), com bé diu el gran Joan Tardà "El procés català pot ser una palanca".

Ara és hora que Catalunya voti que vol ser, comunitat autònoma del regne d'Espanya o estat independent en forma de república. I Espanya? Què pot decidir l'1 d'octubre? D'aquí a l'1 d'octubre pot decidir si és valenta, els i les espanyoles poden decidir si són valentes i no els hi fa por una urna, poden decidir si deixen votar als catalans, poden decidir si lluiten pel poble català, poden decidir si giren l'esquena al PP, C's, PSOE que volen prohibir les urnes, poden decidir si segueixen el nostre camí i fan un procés constituent propi, poden decidir si participen de la democràcia, si participen del dret a decidir, si planten cara a les accions que el govern espanyol farà d'aquí a l'1 d'octubre. Poden decidir, com va dir Joan Tardà a la moció de censura a Rajoy, si volen donar la volta al fantàstic cartell que omplia Barcelona l'any 1936 i ara, l'any 2017, "Defensen Catalunya per defensar Madrid". No n'hi ha una altra, defensar Catalunya, defensar les urnes és defensar Madrid, defensar la democràcia, defensar el republicanisme. Defensar el republicanisme, ja que el republicanisme no és, només, voler un estat sense rei, el republicanisme són uns valors: la solidaritat, la fraternitat, l'internacionalisme. El Republicanisme és defensar i estar al costat dels pobles que lluiten per una causa justa, de les persones que lluiten per una vida digna, plantar cara al que oprimeix, donar la mà a qui la necessita.

Tot això ara està en mans de les esquerres espanyoles, de les seves bases, de les bases dels partits catalanistes (no independentistes) de Catalunya. Està en mans de tothom curar la democràcia espanyola i el dret del poble català.

Això ho escriu un fill i net de manxecs que vol la república dels Països Catalans i també vol la república espanyola. Visca la terra!

Per què no em presento a les eleccions municipals del 26 de maig?

Publicat el 9 de maig de 2019 al blog Pos això i allò

Avui a la nit comença la campanya electoral per les eleccions municipals del diumenge 26 de maig. Enguany, al contrari que fa quatre anys, no faré una campanya intensa, ja que no formo part de cap llista.

Des del dia que es va fer públiques les llistes, són unes quantes les persones de Móra d'Ebre que m'heu preguntat per què no repeteixo a la llista d'ERC. Com vaig fer públic, a l'entrevista que el 12 de febrer ens va fer Gustau Moreno al programa Primera Columna del Canal 21 a 3 membres de la Plataforma Ribera Digna: "Per la meva forma de ser, prefereixo estar treballant al carrer per defensar la comarca que a les institucions. Em sento més còmode", per això no formo part de cap llista, ni davant, ni darrere, ni de suplent. Perquè crec que puc ser més profitós per defensar la comarca i lluitant contra l'abocador des de dins la Plataforma, treballant des del carrer com he fet sempre.

S'han vist molts activistes passant del carrer a les institucions, no passa res per passar de les institucions al carrer, hauria de ser un pas tan normal com el primer i més quan, com jo, no hi ha gens d'interès de viure de la política.

La política institucional és un mitjà més per treballar pels teus ideals i buscar solucions als problemes de la societat i treballar per millorar la vida dels habitants del poble o del país, mai hauria de ser una sortida "laboral" ni un mitjà per enriquir-se.

Per això mateix, aquests quatre anys a l'ajuntament sempre he intentat apartar el partidisme per ficar per davant Móra d'Ebre i separar la vida personal de la política. Per molt que als plens debatis o et discuteixis amb gent dels altres grups municipals els 13 regidors som gent de Móra d'Ebre que si estem allà és per treballar per un futur digne de Móra d'Ebre, cadascú amb els seus ideals, però amb un mateix objectiu (o això vull pensar). Crec que això ho he aconseguit i per molt que als plens o a les reunions hi hagui una mica de tensió mai he tingut problema en saludar o parlar amb altres regidors i crec que ha sigut mutu. Per això també vull agrair a tots els que també ho han sabut diferenciar i mos hem acabat coneixent i tenint més relació que abans. En especial m'agradaria agrair als membres del grup municipal del PDECat que el dia que ens van retenir a un grup per enganxar cartells de l'1 d'octubre es van preocupar per mi i em van trucar per si necessitava alguna cosa i per solidaritzar-se. I de fet, mira si he separat la vida política de la personal que sempre he dit que un dels regidors amb qui, en l'àmbit personal, m'he portat millor és amb el que més diferències ideològiques hi ha entre els nostres partits.

Aquests 4 anys a l'ajuntament, com tot a la vida, m'han servit per conèixer bona gent (només em quedo amb lo positiu) i aprendre moltes coses de funcionament polític i de les institucions així com aprenentatge personal. M'ha agradat molt poder ajudar durant aquest temps a la gent del poble que tenia algun problema, idea, dubte sobre com fer algun permís o algun dubte burocràtic.

Aquests quatre anys a la política municipal o institucional, no s'acaben aquí, això de moment és un punt final de capítol, no d'història. Mai se sap on et pot portar la vida i, menys quan tens

26 anys (vaig entrar a l'ajuntament amb 22). Qui sap? Potser d'aquí a 4 anys o 20 torno a formar part d'una llista (o mai), qui sap?

En tot cas, mos continuarem trobant pel carrer defensant un futur digne pel territori, per la independència de Catalunya i, com abans d'entrar a l'ajuntament, continuaré treballant des del carrer i on faci falta per una Móra d'Ebre millor on tothom sigui benvingut.

Per primer cop tindrem 7 llistes a les eleccions municipals de Móra d'Ebre. Seran unes eleccions apassionants on es pot dividir molt el vot. Així que molta sort a totes les llistes i a les que aconseguiu entrar al consistori (en especial a govern): Espero que us feu dignes de Móra d'Ebre i que tingueu molts encerts perquè dels vostres encerts dependrà lo futur del poble.

No a l'abocador i VISCA MÓRA D'EBRE!

Ara que estem a l'agost i venen festes majors recordeu: No és no!

Publicat el 6 d'agost de 2019 al blog Pos això i allò i a l'Aguaita

La setmana passada vam entrar al mes d'agost i, amb ell, al mes en què es concentren la majoria de les festes majors dels pobles de les Terres de l'Ebre i tot Catalunya. Dies en què la gent omple els carrers dels seus pobles per xalar.

Ara venen uns dies de molta festa nocturna en què la gent surt a fer unes copes amb els seus amics, alguns més que altres, alguns després de fer sopar amb la colla i altres directes des de casa, però tothom surt amb un sol objectiu, xalar, xalar molt i riure amb els amics. Lo problema arriba quan una persona o un grup de gent vol xalar a canvi de què altra gent passi una mala estona o se'ls generi un trauma.

El problema de la festa ve quan una persona o un grup d'amics assetgen noies, les agredeixen, forcegen o aconsegueixen violar perquè creuen que pel simple fet de ser homes ho poden fer i que l'excusa de l'alcohol els cobrirà, i no: l'alcohol no és excusa! Quan una persona et diu que "no" a la primera perds el dret a continuar intentant lligar amb ella perquè ja t'ha dit que no i si segueixes l'únic que aconsegueixes és incomodar-la, violentar-la i fer que se senti assetjada i fent això fas que ella deixi de xalar.

Lo pitjor és quan no es queda aquí, lo gran problema és quan es passa de les paraules als fets, d'incomodar amb paraules a seguir-la, forcejar amb ella o anar més enllà. Si ella ha decidit que no vol res amb tu, qui et penses que ets tu per decidir que ella sí que vol? Amb un sol NO ja n'hi ha prou, si ho intentes mil vegades, però a la primera ja t'ha dit que no ja està, deixa-ho anar, no vol, no ets ningú per incomodar-la o obligar-la a fer allò que no vol.

En realitat pareix simple, no? És tan fàcil com escoltar i respectar a l'altra persona igual que a tu t'agrada que t'escoltin i et respectin.

Creure el NO que et diuen quan t'insinues és tan fàcil com fer cas de qualsevol altre NO, com los que et pots trobar a casa, a la faena o a classe.

Desgraciadament, no tothom ho entén i ho veu tan simple, lamentablement veiem contínuament als mitjans de comunicació locals i nacionals casos d'agressions masclistes i/o violacions que passen durant les nits de festes de discoteca o de festa major.

Això és molt preocupant, perquè tot i les campanyes de sensibilització de les entitats feministes i institucions, mos contínuament ens trobem amb casos als mitjans de joves que abusen de companyes d'institut o de noies que es troben a les festes o pels carrers. És molt preocupant perquè cada cop ho fan nois més joves, és molt preocupant perquè com hem vist en més d'un cas la justícia no funciona com hauria de funcionar.
Per això són necessaris los punts liles a les festes majors, als concerts i a tot arreu, per prevenir els abusos sexuals conscienciant la gent (no només per dir que no s'ha de fer, també de què ajudin a evitar agressions i violacions si es creuen amb algun cas). També són molt importants per denunciar les agressions i acompanyar a les víctimes durant el mal tràngol i la denuncia. Per això estic molt content que tots

els ajuntaments i entitats que aquest estiu estan implantant i implantaran punts liles a les festes i concerts de l'estiu.

Perquè gràcies a les voluntàries que ara instal·len los punts liles al territori arribarà el dia que no caldrà tenir-ne més perquè tots els homes entendrem que hi ha límits que no s'han de passar mai. Que tothom s'ho vol passar bé rient amb els amics, però també per respectar als altres i entendre que només SÍ vol dir SÍ, qualsevol altra cosa és un NO rotund.

Aquest dia arribarà, arribarem a un dia que serà un 25 de novembre continu i no caldran més punts liles ni més dies internacionals per l'eliminació de la violència contra les dones. Així que recordeu, si durant les festes majors i qualsevol altre dia voleu lligar, ho podeu intentar, clar, però si us diuen que NO, és que no volen res. Deixeu de molestar i seguiu amb els amics xarrant, rient i bevent perquè NOMÉS SÍ VOL DIR SÍ!

Ja mos poden sentenciar, que ho tornarem a fer!
Publicat el 8 d'octubre de 2019 al blog Pos això i allò i a l'Aguaita

Estem a les portes d'una sentència cruel, venjativa i d'un estat antidemocràtic contra uns presos polítics que l'únic delicte que han fet ha sigut seguir el mandat democràtic del poble de Catalunya.

L'estat espanyol ha fet d'un problema polític, que al Regne Unit es va resoldre amb un referèndum pactat, un problema judicial per la por a la divisió del seu gran imperi feixista de Felip VI. Lo clam de Catalunya i Euskal Herria és un anhel legítim i democràtic que respon a un dret humà: Lo dret a l'autodeterminació dels pobles.

Seguint aquest article dels drets humans, Catalunya va convocar un referèndum l'1 d'octubre del 2017 sense pactar-lo amb l'estat espanyol perquè lo seu govern no va voler, continuant així amb les seves polítiques colonials de Felip V o seguint l'esperit encara viu del Franquisme del 39. Van enviar porres i jutges contra les nostres urnes i paperetes. Van pegar demòcrates d'arreu de Catalunya que l'únic delicte que havien fet va ser anar a votar o protegir les urnes davant l'àliga que des del 39 planeja sobre l'estat espanyol.

Més de 1000 demòcrates ferits per lluitar pacíficament contra un estat desesperat per conservar la seva sagrada unitat (és igual qui governi, és igual qui doni suport, per tots los partits espanyols, Espanya és indivisible, per ells, és l'únic destí dels pobles que formen part del seu decadent imperi). L'any 2017 governava lo PP, però ells no són los únics responsables de les porres, tenien l'aval del Partit "Socialista Obrero" ESPAÑOL i de Ciutadans. Van aplicar un desmesurat 155 amb lo suport dels mateixos partits, però després Ciutadans i PSOE (o PSC) es queixaven de retallades de la Generalitat provocades pel seu agradat article, com per exemple lo tractament contar la mosca negra.

Vam veure com segons ells ens van pegar d'una manera proporcional. La Ràpita, Roquetes i Móra la Nova van viure la seva proporcionalitat. Aquests tres pobles ebrencs van veure com uns mercenaris els pegaven sense sentit al crit de "A por ellos" pel simple fet de ficar un paper a una urna, dins la Unió Europea!

Això mai ho oblidarem, com mai oblidarem la set de venjança de la maquinària de l'estat contra els polítics i líders civils que van fer possible la votació i van organitzar grans mobilitzacions. Mai oblidarem el sofriment que han fet passar als familiars i amics de tots los presos i exiliat polítics ja siguin del govern, els Jordis o CDR.

Vivim temps difícils pel nostre poble, som víctimes d'uns governants descendents del franquisme que només los interessa mantenir el règim del 78 a qualsevol preu per perpetuar el franquisme ocult que s'amaga darrere la falsa transició i la monarquia.

Vivim en un temps que els grans mitjans de comunicació de l'estat no informen. Et fan creure la seva versió dels fets i et diuen la seva opinió perquè tu odiïs a qui no pensa com ell, als que no pensen com et fan pensar a tu o són diferents. Veiem com criminalitzen a l'independentisme per anar amb un llaç groc mentre blanquegen el feixisme ferotge de VOX. Veiem com criminalitzen a Jordi Cuixart mentre blanquegen la imatge d'Urdangarin i la dona de Barcenas. Veiem com no descobreixen qui és l'"M. Rajoy" dels papers de Barcenas, però saben, segons ells, qui assistia a les reunions prèvies a l'1 d'octubre i posteriors.

I això no és tot, ara vindrà lo pitjor. Estem a les portes d'una sentència que, sigui la que sigui, serà cruel i desproporcionada, de fet ja ho és. Veurem com un jutge condemna el nostre govern i als Jordis a passar uns anys de la seva vida entre reixes i com la premsa els seguirà atacant per voler fer una cosa tan democràtica com un referèndum.

De veritat la unitat de l'estat espanyol mereix porres, reixes i exilis? De veritat els governants espanyols són tan ineptes que no són capaços de pactar un referèndum com va passar a Escòcia? La unitat del Regne Unit també és indivisible i, tot i això, el govern britànic va ser capaç de pactar un referèndum i fer el que tot demòcrata fa, fer campanya per convèncer a la gent. Estic segur que si Pedro Sánchez fos un demòcrata convençut, ara podria ser president, podria pactar un referèndum amb els partits independentistes a canvi de la investidura, no creieu? Però suposo que és millor governar amb el suport del partit català que va nàixer per acabar amb la nostra llengua i cultura i tenir el suport del partit fundat per un exministre de Franco. Suposo que això a un altre estat no passaria, però què voleu, ens agradi o no van guanyar la guerra i encara governen.
No podem esperar res bo d'un polític com Pedro Sánchez que fa uns anys blanquejava lo terrorisme d'estat dels GAL i exigeix al president Torra que condemni un terrorisme català que no existeix?

Amb uns polítics i uns periodistes així mai existirà la democràcia real a l'estat espanyol. Així que, independentistes, aprofitem la sentència per tornar a la unitat prèvia a l'1 d'octubre, tornem a la unitat d'acció que no vol dir uniformitat o llista única, vol dir treballar tots junts, cadascú als seus espais, però caminant cap a una mateixa direcció: la llibertat i la justícia!

Marxem del país que fa campanya amb les porres

Publicat el 5 de novembre de 2019 al blog Pos això i allò i a l'Aguaita

D'ençà que va sortir la sentència hem vist una brutalitat policial desproporcionada i unes declaracions molt irresponsables per part dels líders dels parits descendents del franquisme, o com ells es diuen: "constitucionalistes" (PSOE/PSC, PP, C's i VOX). Fan campanya buscant el vot fàcil dels reaccionaris que només veuen una bandera i la unitat d'Espanya com a única meta política. Juguen a robar-se els vots amb la repressió i l'odi contra Catalunya i Euskal Herria (no oblidem els joves d'Altsasu).

Hem vist com els «socialistes» del PSC i PSOE amenacen plataformes i manifestants, hem arribat a sentir que ficaven tota la intel·ligència de l'estat a destapar i acabar amb el Tsunami Democràtic, però ni un sol agent del CNI està buscant a M. Rajoy, o destapant els vincles de l'Imam de Ripoll amb el CNI. Hem de sentir que se'ns tracti de terroristes només per protestar, obrir una pàgina web o seguir un canal de Telegram que coordina mobilitzacions contra una sentència desproporcionada i que no hauria d'existir.

Hem d'aguantar els líders de l'anomenat «trifachito» demanant un 155 més dur, amb un estat d'excepció, control de TV3, il·legalització de partits o entitats i el control definitiu dels Mossos per part de l'estat, com si això últim fes falta perquè ens rebentin a cops de porra o mos disparin FOAM a la cara. Només falta demanar un toc de queda i que surtin los tancs.

I tot per quatre vots de merda, quatre vots dels quals alcen la mà dreta i fan d'una exhumació un segon enterrament d'estat al dictador, els quatre vots de qui odia a Catalunya, però no volen que marxem, los quatre vots que et pot fer guanyar unes eleccions, los quatre vots que gràcies als tertulians i premsa espanyola són centenars de milers de vots de la gent que mira los programes de Tele 5, Antena 3 o la Sexta on expliquen que Barcelona està en una guerra i ningú pot sortir al carrer però t'amaguen les relacions del govern de M. Rajoy amb la Gürtel o de la Casa Reial amb Jordi Pujol. Et diuen que miris a Catalunya mentre el govern en funcions de Perdo Sanchez fa lleis per restringir internet o retallades socials i tu no te n'adones perquè t'estan dient la veritat sobre Catalunya, no com durant el Prestige, la Guerra de l'Iraq, el Castor o lo metro de València.

També aquests dies estem veient un joc brut, mediàtic i polític, per desunir més l'independentisme institucional i treure vots a ERC.

Jo ara no em posaré a defensar cap partit, però sí que és veritat que davant la possibilitat que el mapa electoral sigui groc d'ERC i no roig del PSOE, líders del PSOE/PSC i tertulians del règim, com per exemple Marhuenda, estan dient que ERC o Pere Aragonés sí que són interlocutors vàlids i al mateix temps ataquen al president Torra i als altres dos partits independentistes que es presenten (JxCat i CUP). En realitat no volen fer campanya per ERC o fer ponts amb el partit de Junqueras, lo que volen és que vots independentistes passin d'ERC a JxCat, la CUP o es quedin a casa per evitar que el 10 de novembre a la nit el mapa de Catalunya sigui groc d'ERC. Per ells serà una gran victòria si cap partit independentista guanya a Catalunya, pels partits i els mitjans del règim no importarà si guanya l'independentisme o no, només miraran el partit guanyador i no volen que sigui cap partit independentista, per això ataquen als dos que les enquestes donen amb menys vots i aplaudeixen al que donen amb més vots, per dividir el vot independentista i dividir l'independentisme institucional, en especial al Govern de Catalunya.

I la jugada pareix que los hi està sortint bé, veure independentistes, alguns d'ells candidats o membres del govern, fent difusió de les paraules malintencionades demostra que, o no entenen la seva jugada, o ja los hi va bé perquè així guanyen vots. Cap polític independentista hauria de comprar o compartir un discurs o jugada dels polítics i mitjans del règim, ni sobre les eleccions ni sobre la suposada violència dels carrers i polítics de tots els colors han comprat un dels dos discursos. Cosa que lamento profundament i no entenc, ni puc compartir.

Als carrers l'única violència desproporcionada que s'ha vist és la dels cossos policials. La ciutadania, en aquest cas els joves, s'han defensat. Estar assegut a terra i que et vinguin corrent una manada de llops amb porres a pegar-te, és violència. Estar protestant i que et disparin pilotes de goma a la cara, és violència. Estar a casa i que et disparin una pilota de goma a la finestra, és violència. Ficar un contenidor al mig per manifestar-se tranquil·lament sense patir pels teus ulls o testicles, no és violència: és autodefensa. Manifestar-se amb la cara tapada per evitar ser identificat i que t'arrestin i peguin a comissaria perquè sí no és violència: és autodefensa. Igual que terrorisme no és descarregar-se una aplicació: Terrorisme són els nazis que surten a caçar independentistes després de les protestes i que els mitjans i cossos policials ho tapin.

Així que no feu cas de les paraules que vinguin de Madrid, sigueu conscients que són experts en violència i joc brut, voteu a qui vulgueu, però voteu-lo perquè creieu en ells, no per les paraules de gent de Madrid. Voteu, sobretot voteu. D'aquí a la llibertat dels presos i preses polítiques i del nostre país que no es quedi cap vot independentista a casa, que no es quedi ningú al sofà, ocupem los carrers.

Fins a la victòria, sempre!

El pitjor virus? La mediocritat política

Publicat el 8 d'abril de 2020 al blog Pos això i allò i a l'Aguaita

Actualment, estem passant per uns moments crítics, una situació fosca que, com totes les situacions de crisis desperta lo millor i lo pitjor de la gent.

Des que la cisis del coronavirus ha arribat a l'Estat espanyol, hem viscut molts moments emocionants i de solidaritat. Empreses que fan pantalles i mampares de protecció per als sanitaris; empreses i persones voluntàries que fan mascaretes per als veïns i personal sanitari, taxistes i conductors d'autobusos voluntaris que porten a la gent recuperada a casa. I un dels moments més emocionants del dia, l'aplaudiment al personal sanitari i els que treballen des dels diferents sectors per parar l'epidèmia i omplir el rebost de la gent: Personal sanitari, personal de neteja, venedors, pagesos, transportistes, músics que alegren el dia per les xarxes, etc.

Però amb l'aplaudiment no n'hi ha prou, espero que a la següent vaga dels sanitaris per unes condicions laborals dignes la gent respongui omplint la manifestació i no amb insults per haver d'esperar més estona a urgències o al CAP, espero que els policies que ara van als hospitals a fer sonar les sirenes en mostra d'agraïment i suport no els apallissen quan es manifesten pacíficament per tenir uns recursos dignes per poder salvar el màxim de vides. Espero que la dreta espanyola que ara s'ompli la boca de la importància de la sanitat i critiquen la gestió del Gobierno espanyol aprenguin que retallar en sanitat mata. Espero que la dreta catalana per fi hagi obert els ulls i deixi de defensar les retallades de Mas que són igual de perjudicials que les retallades espanyoles.

No vull defensar a Mas, però quan parlem de la sanitat catalana no només hem de parlar de les retallades de Mas, també hi ha l'amiguisme que va deixar Pujol o del "les hemos destrozado el sistema sanitario" de De Alfonso a Fernández Díaz parlant de la sanitat catalana.

Tampoc vull que us penseu que vull defensar el Gobierno espanyol, de fet, tot lo contrari. El govern espanyol i els seus dos partits són els que m'han fet ficar al principi que els moments de crisis també desperten lo pitjor de la gent.
L'executiu espanyol està anant tard i malament en molts moments de la crisi i en lloc de fer autocrítica com a govern o partits polítics els seus alcaldes a Catalunya els segueixen el joc de postureig militar i crítica destructiva contra la Generalitat.

L'Estat espanyol, com la resta d'Europa, han tingut des del gener per preparar-se per si el Coronavirus sortia de la Xina i cap estat europeu es va preparar per això quan va arribar a Itàlia es va escampar amb tanta velocitat, però ni amb lo Coronavirus a Europa la Unió Europea es va moure (i Espanya tampoc).

L'Estat es va trobar el coronavirus i no el va saber controlar, podria haver après dels errors i encerts d'Itàlia i la Xina, però va preferir començar l'estratègia de zero (ignorant també les recomanacions de l'OMS). Mentre Itàlia i la Xina van tancar els seus principals focus l'Estat no va tancar Madrid, ni cap ciutat amb un focus important com també podria ser Barcelona, tampoc van deixar que les Comunitats dirigeixin la seva estratègia de forma coordinada amb l'estat i les altres comunitats autònomes. Va centralitzar la compra de material, cosa lògica per estalviar diners, però fent-ho com ho ha fet l'estat és una decisió polititzada i no econòmica.

També van centralitzar les decisions polítiques evitant que les comunitats autònomes poguessin tancar els seus accessos o alguna ciutat per evitar l'entrada de gent dels principals focus que va a la platja o a la segona residència de forma irresponsable.

Encara no sabem per què l'estat no va tancar Madrid, ni va deixar tancar Catalunya, ni ha tancat l'Àrea Metropolitana de Barcelona, diuen que el virus no entén de regions ni banderes, però molts països no deixen entrar ciutadans que venen d'Itàlia o Espanya. El virus no entén de regions, però tothom està tancant les seus principals focus inclòs quan la capital de l'Estat és el principal focus, com a fet Finlàndia amb la zona de Hèlsinki.

Paral·lelament, el govern espanyol va comprar uns tests xinesos de detecció ràpida del coronavirus a una empresa espanyola. Els tests no funcionaven com s'havia promès i l'ambaixada xinesa a Espanya va dir via Twitter que els tests eren d'una marca que la Xina no havia recomanat a l'estat.

Estem veient coses molt surrealistes, com la injecció de diners a les televisions privades en plena crisi sanitària i a les portes d'una crisi econòmica mentre altres països reclamen els diners de l'anterior crisi als bancs. Però per surrealista los militars uniformats parlant de la crisi sanitària a les rodes de premsa. I clar, passa lo que passa, tracten la crisi com una guerra, als ciutadans com a soldats i a cada dia de la setmana com a dilluns quan tots los dies han de ser com diumenges, els ciutadans mos hem de comportar com malalts (i si tenim algun malalt a casa com auxiliars d'infermeria i seguir les recomanacions dels sanitaris). I l'exercit passeja pels carrers, en alguns casos provocant com han fet a Navarra passejant amb l'himne espanyol a tot volum.

Com sempre, com a tota crisis, surt la mediocritat i mesquinitat política que s'aprofita de les desgràcies i les morts per fer política, guanyar quatre vots i rentar la cara de les institucions en caiguda lliure com la monarquia o l'exercit. Per això veiem com l'exercit "desinfecta" l'aeroport del Prat amb més periodistes que militars, com "construeixen" un hospital a IFEMA, però quan les càmeres desapareixen els soldats deixen de treballar i ho construeixen els treballadors d'IFEMA i els proveïdors habituals. Veiem com els alcaldes catalans dels partits del govern central fan passejar-se l'exercit per "ajudar" a la ciutat i fer fotos per criticar la Generalitat i utilitzen els perfils oficials dels ajuntaments, com a l'Hospitalet del Llobregat, per fer publicitat de l'exercit i del PSC.

Estem veient com ens menteixen dient que gràcies al Rei ens arriben donacions de països i empreses, els mateixos països i empreses que també donen material a Estats sense monarquia.
Tot per netejar la imatge.

Crec que estan fent una gestió lamentable, però abans de criticar a un govern que s'ha trobat amb una pandèmia mundial quan tot just s'acaba de constituir, s'ha de mirar més enllà i lo primer que es veu són les mentides, els diners regalats als bancs, les retallades i els intents de privatització de la sanitat pública per part de la dreta.

I ja per acabar, m'agradaria demanar unes coses a la societat en general i als partits polítics.

Gent, quedeu-vos a casa VOSTRA, on viviu entre setmana, res de segones residències, res de vacances, res de viatges, res de festes. No estem de vacances, estem en confinament per salvar la nostra vida i la del veí, estem tancats per evitar la saturació total del sistema sanitari.

Partits, deixeu de mentir, manipular i jugar amb els morts per rascar quatre vots. Ja sé que els partits del règim del 78 sabeu fer política molt bé amb els morts, ho heu demostrat amb ETA que encara la nomeneu i fa molt que va entregar les armes. Però deixeu-ho de fer JA! Feu pena, és lamentable. Segurament ho demano massa tard, no crec que es pugui anar més enllà de VOX i el seu tuit ensenyant taüts dient que l'Estat intenta amagar la imatge de tots els taüts d'aquests dies utilitzant imatges de TVE! Sou repugnants i espero que, com a mínim, tingui conseqüències polítiques.

El feixisme mata

Publicat l'1 de juny de 2020 al blog Pos això i allò i a l'Aguaita

Aquesta setmana tot el món ha pogut veure la brutalitat amb què la policia americana tracta als ciutadans afroamericans. Aquest cop, per desgràcia, la brutalitat policial ha posat fi a la vida de George Floyd.

Floyd de 46 anys, i amb una filla de 6 anys, va ser assassinat per un policia que va pressionar-li el coll durant 10 minuts amb el genoll. El seu company, en lloc de frenar-lo o endur-se el detingut cap al cotxe patrulla va preferir evitar que els vianants poguessin apropar-se per ajudar a la víctima que repetia contínuament "I can't breathe" (no puc respirar). Un crit que l'any 2014 ja es va convertir en un crit de guerra durant les protestes per la mort d'Eric Garner mentre era arrestat per la policia de Nova York, també asfixiat.

En poques hores el vídeo es va fer viral i s'ha vist arreu del món com els dos agents saben perfectament el que estan fent i com acabarà.

Al cap de poques hores de la mort de Floyd va començar una onada de protestes contra el racisme institucional i per demanar justícia arreu dels EUA. A les multitudinàries mobilitzacions es poden veure persones de diferents edats, classes socials, orígens i molta ràbia. És normal, no estan demanant justícia per un pres o estan de vaga, s'estan mobilitzant per la seva vida. Per viure en llibertat i igualtat sense patir una discriminació institucional pel color de la pell i, sobretot, per deixar de ser assassinats a mans de les persones que els haurien de protegir.

Però pareix que Trump no entén les protestes ni les accions, lluny d'impulsar una auditoria als cossos policials per treure les armes i les plaques als racistes, promou la il·legalització dels moviments antifeixistes (considerant-los grups terroristes) i treu l'exercit al carrer. I els seus amics de VOX, -recordant que el feixisme també està a les institucions europees-, l'aplaudeix i li aconsella que investiguin qui finança els grups antifeixistes (segons ells terroristes de carrer). Potser els de VOX creuen que tothom és com ells, però no, no tothom rep finançament de l'Iran.

Parlant de l'estat espanyol i la Unió Europea: les víctimes del feixisme no només es produeixen als EUA. A l'estat espanyol i a Europa també se'n produeixen. Cada dia moren persones que volen entrar a Europa fugint de les bombes, però es troben les portes tancades.

La mar Mediterrània és una fossa aquàtica plena de persones que intenten creuar el mar per arribar a Europa i no arriben per la precarietat de l'embarcació. Veuen com la policia Turca els dispara quan intenten entrar per terra (l'any 2016 van morir 16 persones pel tiroteig de la policia turca contra un grup de 60 refugiats), però quan intenten entrar pel mar no tenen una rebuda molt millor. Si arriben a les costes gregues, la guàrdia costanera grega també els dispara.

A les portes d'Europa hi ha milers de refugiats abandonats per les nostres institucions. Abandonat a la intempèrie durant l'hivern o l'estiu amb l'única higiene i menjar que els porten les ONG.

Però quan els migrants intenten entrar per l'altre costat d'Europa, per l'Estat espanyol, la rebuda no és molt diferent de la de Turquia o Grècia. Troben que han de superar un mur a Ceuta o Melilla mentre la Guàrdia Civil els colpeja, dispara pilotes de goma o pots de fum. L'any 2014 van morir 15 migrants a les costes de Ceuta perquè mentre intentaven entrar nadant la Guàrdia Civil els hi disparava pilotes de goma i pots de fum (la causa contra els Guàrdia Civils implicats es va arxivar l'any 2018).

I si aconsegueixen entrar, se'ls tanca a un CIE (Centre d'internament d'estrangers) on des del 2006 han mort 8 persones.

Però quina diferència hi ha entre les víctimes dels Estats Units i les d'Europa? Per què allà generen grans mobilitzacions i aquí, com a molt, "quatre tuits"? La diferència entre les morts d'Europa i les dels Estats Units és que les allà són tot un col·lectiu ja instal·lat i formen part de la societat, no són nouvinguts ni marginats, a més a més les víctimes d'allà es fan virals i es produeixen al carrer, no a centres tancats, la gent ho pot veure, gravar i compartir o qui acompanya la víctima té un mòbil. Els morts d'Europa no. Són persones sense recursos que moren on no hi ha ningú amb recursos que ho pugui difondre per les xarxes socials.

Però que el feixisme d'Europa no sigui viral no vol dir que no existeixi, està a les institucions i a les empreses per això en plena pandèmia hi ha temporers que dormen als carrers de Lleida des de fa un mes. Per ficar-hi remei el jugador català del Mònaco, Keita Baldé, ha intentat pagar l'estada a 200 temporers a diversos hotels de la ciutat, però no ha pogut, els propietaris no els volen acollir ni que Keita pagui l'estada per avançat. Però això sí, segur que volen la fruita que estan collint.

El feixisme també està als carrers, tots els Països Catalans tenim present a Guillem Agulló, assassinat per un nazi pel simple fet de ser independentista i antifeixista, doncs bé, ahir mateix a la nit un grup de feixistes turc va assassinar a Barış Çakan (un jove de 18 anys) pel simple fet d'estar escoltant música kurda a Ankara.

El món necessita la mort del feixisme per ser un lloc millor per viure. Que tots i totes siguem igual independentment de la nostra ideologia, llengua, sexe, sentiments, orígens o color. Necessitem governs valents disposats a plantar-los cara, mitjans de comunicació que no els hi rentin la cara, perquè el feixisme no és una ideologia com un altre, és odi, odi al diferent.

Acabaré l'article amb el final del poema "No passareu"
d'Apel·les Mestres:

A sang i a foch avançareu,
de fortalesa en fortalesa,
però, què hi fa? Si queda en peu,
quelcom més fort: nostra fermesa!
Per'xò cantem: "Per més que feu,
NO PASSAREU!"

Un estiu diferent

Publicat el 7 de juliol de 2020 al blog Pos això i allò i a l'Aguaita

Portem tot l'any esperant l'estiu per les festes majors, tornar al poble, per les vacances, etc. però com la primavera del 2020, l'estiu també estarà marcat pel coronavirus. Un estiu, que com a mínim, serà sense grans concerts, ni festivals. Un estiu amb unes festes majors de mínims per evitar aglomeracions, un estiu sense molt turisme estranger.

Dic «com a mínim» perquè si els governs, empreses i ciutadans no són conscients del problema global al qual ens enfrontem, no ens hem sortirem i a mig estiu tornarem a estar com al maig, tancats a casa. Des del mes de maig molts governs europeus pareixien estar més preocupats per ser dels primers a desconfiar-se que ser el que ho fa millor. Estan més preocupats per mantenir l'economia activa que la salut de la gent. Mentre epidemiòlegs experts i l'OMS avisen que el coronavirus no ha passat, que hi haurà rebrots. El govern espanyol diu que tornem a sortir al carrer, sense por, perquè hem d'activar l'economia.

Però que hi hagi rebrots no és únicament culpa dels governs, també ho és de les empreses irresponsables que no proporcionen les mesures de seguretat necessàries als seus treballadors, ja sigui donant EPIs o facilitar les distàncies de seguretat. Un dels rebrots a Catalunya està al Segrià, cosa que ha obligat el govern català a confinar la comarca.

Des del rebrot hem sentit missatges malintencionats que culpabilitzen als temporers del rebrot al Segrià, no sé si algun o molts temporers han agafat el coronavirus, el que és segur és que no és culpa seva. És culpa de què el coronavirus encara està present i hi ha gent que fa festes sense permís, és culpa que els hotelers de Lleida són uns racistes i no volen allotjar temporers ni que un jugador de futbol els hi pagui l'allotjament per avançat, és culpa dels empresaris que fan treballar als seus treballadors sense les mesures de seguretat necessàries, és culpa de la irresponsabilitat de la societat en conjunt, no d'un col·lectiu indefens que pel racisme institucional i empresarial dormen al carrer i treballen sense protecció.

Si la culpa del rebrot al Segrià és dels temporers, els rebrots a Barcelona de qui són culpa? Dels manters? NO, és dels mateixos del rebrot del Segrià. Dels ciutadans irresponsables que no respectem les normes de seguretat, dels empresaris que van pel màxim benefici sense preocupar-se per la salut dels seus treballadors i dels polítics que han anat massa ràpid per guanyar la cursa del desconfinament i ara no controlen prou els llocs de treball i oci, ni faciliten les distàncies de seguretat al transport públic.

Si no ens conscienciem i escoltem més els experts i l'OMS quan diuen que el virus no ha marxat i que lo pitjor està encara per venir. Tindran raó, lo pitjor estarà per arribar.

Anem a treballar, a comprar, a la platja, al bar, de concert, però sempre respectant les mesures de seguretat. No val la pena arriscar-mos a agafar la malaltia i accelerar els rebrots per una mica de diversió o perquè els empresaris s'enriqueixin a costes de la nostra salut.

Volem passar un estiu diferent o un estiu de merda, tancats com hem passat la primavera? Siguem conscients i respectem les recomanacions i les mesures de seguretat fins que tinguem la vacuna.

Tres anys d'una aberració a la democràcia
Publicat el 6 d'octubre de 2020 al blog Pos això i allò i a l'Aguaita

Aquests últims dies hem commemorat i recordat l'1 d'octubre del 2017. Un dia que havia de durar anys i va durar uns segons.

Fa tres anys l'últim dissabte de setembre molts vam passar la nit i les hores davant dels col·legis electorals per evitar el tancament dels col·legis i poder votar amb la normalitat que l'opressió espanyola mos va deixar.

El 2017, entre crits de "a por ellos" i cops de porra vam poder votar per la independència de Catalunya. Abans de l'1 d'octubre mos vam autoconvèncer que si ens robaven una urna o rebíem un cop de porra guanyaríem, però no, després de 1.000 ferits i centenars d'urnes robades no som independents, de fet, estem pitjor que abans. Això mos va fer veure que ni Europa ni el món mos mirava. Com a qualsevol altre conflicte la comunitat internacional, Europa mira sense fer res. No li importa a la Unió Europea que tinguin un membre que pega als ciutadans mentre voten o que un estat tingui presos polítics. A la Unió Europea només li importa el valor de l'euro i els mercats.

Tenim presos i exiliats polítics per haver ficat les urnes o organitzar manifestacions. Però ni així alguns han abandonat els egos i els partidismes, mentre els líders no deixin de banda els egos, les cadires i els partidismes no tenim res a fer. L'independentisme està dividit i desorganitzat, i a més a més estem seguim el joc a l'Estat Espanyol caient a la guerra dels símbols. Els símbols ni convencen ni ajuden a guanyar. L'octubre del 2017 va ser l'últim mes que, com a país, ho podíem tot, després les màscares d'alguns líders van caure i amb això el procés es va frenar en sec per part de la classe política.

Lo 3 d'octubre els carrers de tot Catalunya van ser un clam contra l'opressió espanyola i per la democràcia. Una democràcia que el 16 d'octubre, amb el tancament dels Jordis, es va evidenciar que no arribaria immediatament.

Catalunya està ocupada per un partit que no ha superat el feixisme. Vivim a "una, grande y libre (si ets dels seus, si no, no pots viure lliure)". Aquest mes entre records de ràbia i emoció hem vist com Nova Caledònia ha pogut celebrar amb tota normalitat un segon referèndum d'independència, que com al primer referèndum ha tornat a guanyar el NO, però com m'agradaria que a Catalunya guanyes el NO a un referèndum, voldria dir que per fi s'han normalitzat les urnes a l'Estat Espanyol i hem pogut decidir el futur de la nostra nació. Però no crec que arribi molt aviat i menys amb la desorganització de l'independentisme i seguint a la guerra dels símbols.

O mos reorganitzem i apartem els egos o no tindrem més octubres ni majoria independentista.

Visca l'octubre català!

No era això, ERC

Publicat el 26 de juliol de 2023 al blog Pos això i allò

L'any 2012 (molt abans de les eleccions en què ERC va tornar a passar dels 20 diputats) vaig entrar a militar a les JERC amb dues persones més del poble per crear la secció local de les joventuts d'ERC a Móra d'Ebre. Per què? Perquè considerava, o considero, que la política és la millor arma per canviar les coses, ajudar i treballar pel país/poble. En el meu cas vaig veure que podria ser una bona eina per defensar les Terres de l'Ebre davant dels continus atacs i despropòsit que arribaven des de Madrid, Barcelona i alguns ajuntaments del territori (era l'època que ens volien posar un cementiri nuclear a Ascó).

Al llarg de la meva militància ens vam organitzar al territori i vam lluitar al costat de totes les entitats ecologistes contra els atacs que ens venien (Castor, transvasaments, abocadors, etc.) I al mateix temps treballàvem per la independència des del territori. Vam deixar moltes hores i diners en reunions, viatges, accions, etc. Però tot ho feia amb ganes, m'agradava treballar pel territori i el país. Tot semblava que el procés anava de veritat que els líders no es farien enrere, que plantarien cara, que per primer cop partits i societat civil anàvem a una, de fet, així va ser fins al 27 d'octubre del 2017, el dia que el govern es va desfer i va entregar el país a Madrid sense plantar cara i deixant tirada la gent que omplia els carrers de Barcelona.

Ja fa temps que vaig deixar de militar per motius personals i polítics. Feia temps que no em sentia representat ni còmode amb les decisions del partit i els líders, em sentia enganyat per ells/es. Al contrari de molts altres exmilitants, jo no ho vaig voler fer públic, li vaig dir a qui creia que li havia de dir i ja. Però avui, desprès de les notícies que han sortit aquests darrers

dies i les reaccions posteriors a les eleccions municipals i
generals d'aquest any, necessito escriure això i demanar als
líders d'ERC i dels altres dos partits independentistes que parin
de fer el ridícul, que això no anava de partidismes ni egos, això
anava i, hauria d'anar, d'alliberar un país, de treballar per i amb
la gent de Catalunya.

Francament, estic molt decebut, no vaig passar hores viatjant i
reunint-me per això. No vaig liderar la reconstitució de les
JERC a les Terres de l'Ebre per veure com des de l'octubre del
2017 l'única política que es fa és la del "i tu més" entre els
partits independentistes, no vaig ser secretari nacional
d'activisme de les JERC per veure com ara els que ens van dir
"si us peguen no us torneu, és la imatge que volen, quedeu-vos
quiets i crideu "volem votar", així guanyarem", ara entren al
govern de la Diputació de Barcelona (PSC) a canvi de res. L'1
d'octubre no vaig estar més de 30 hores seguides davant del
col·legi electoral sense dormir per veure com ara regalen el
país a l'enemic menys dolent perquè et somriu a la cara quan et
necessita. No vaig anar a la llista de Junts pel Sí per veure com
ara els dos grans partits l'únic que fan és retreure's coses i
apunyalar-se. No vaig estar tants anys militant i enganxant
cartells per veure com els líders fan el que volen amb les sigles,
els vots i la militància.

ERC (ni ningú) no pot fer campanya dient que el PSC és
l'enemic, i després pactar a canvi de res amb ells. No poden fer
creure que si són decisius per la governabilitat de l'Estat, farem
valdre Catalunya i continuar pactant amb qui no compleix els
pactes i les promeses amb Catalunya. Això és fer el ridícul.
Recordo que quan era portaveu de les JERC Terres de l'Ebre
una de les primeres coses que deia a la nova militància era que

si venien per tenir un càrrec s'havien equivocat de partit, que allà venien a treballar pel país a través del partit i que si arribava l'oportunitat de tenir un càrrec, bé per ells, però mai ha de ser l'objectiu. Ara no ho podria dir, amb quina cara ho diria? Impossible. De fet, jo vaig ser regidor del meu poble durant el mandat 2015/19, però no vaig ni voler intentar formar part de les llistes a les següents eleccions municipals, em sentia més útil i sincer amb mi mateix des del carrer. Molta gent del partit no ho van entendre i fins i tot em van pressionar per formar part de la llista, ni que fos tancant-la, però no vaig voler.

ERC ha patit dues caigudes electorals molt grosses i no només ningú ha dimitit, és que no s'ha fet autocrítica, i el pitjor de tot, hem d'escoltar lliçons morals dels que no han sabut gestionar la frustració post 1 d'octubre i s'han passat els últims anys parlant del sexe dels àngels sense fer res pel país ni han estat capaços de fer autocrítica, en els darrers cinc anys. Així no ampliarem la base, de fet, així ni la mantindrem.

El problema real és que hi ha gent que es creu amb la veritat absoluta i superior a la resta, per sort no tothom dins d'ERC és així, hi ha molt bona gent amb ganes de treballar pel país i que, coneixent com els conec, si tinguessin responsabilitats tot aniria molt millor al partit i al país, però els que ara hi ha no s'apartaran, de fet més d'un prefereix tapar i amagar els talents que venen per darrere per mantenir-se, ja se sap, és més fàcil ser el millor fent veure que l'altre és pitjor o no existeix que pujar i mantenir-se per mèrits propis.

ERC, com Junts, la CUP i l'ANC, necessita foc nou, necessita canviar els lideratges, l'estratègia individual i conjunta, teixir nous ponts d'entesa entre l'independentisme català i la resta d'independentismes de l'Estat espanyol. Necessitem líders i partits disposats a buscar vots als partits unionistes i no als companys de viatges. Gent valenta que vulgui convèncer als votants no independentistes de lo bona que seria la independència per Catalunya, gent sàvia que accepti els erros i els intenti rectificar o s'aparti si no ho pot fer o ells són el problema. Ara tenim molts polítics que són el problema, polítics que no van fer el que havien de fer el 27 d'octubre del 2017 i que després han contribuït a la crispació entre l'independentisme enfortint els partidismes i els seus egos.

L'Oriol Junqueras és una persona molt intel·ligent, i ha fet molt pel país, però ja s'ha acabat. Al contrari d'en Jordi Cuixart, no s'ha sabut apartar a temps i fa mal veure una caiguda tan gran d'un líder a qui tothom ha escoltat i molts han respectat tot i segurament no votar-lo mai. Però ell no és l'únic problema, hi ha moltes més cares visibles i no visibles, però que tallen el bacallà, que també hauria de fer un pensament i deixar el lideratge del partit, començant per Gabriel Rufián.

Segurament aquest escrit no servirà de res, tots continuaran asseguts a la seva cadira fins que arribi unes eleccions que la gent els faci saltar de la cadira, però almenys m'he quedat descansat. També he de dir que vaig entrar convençut del que feia i estic content d'haver-ho fet perquè he conegut gent meravellosa, tinc bons amics al partit, alguns considerats germans, segurament també ho he escrit per ells, perquè no s'ho mereixen, són dels bons, dels que fan tot el possible pel país o pel seu poble, són de la gent que val la pena escoltar i tenir al costat.

Necessitem deixar la política de fira i tornar a la política de veritat, la d'abans de l'1 d'octubre.

Medi Ambient

Lo cotxe elèctric és la solució?
Publicat el 3 de desembre de 2018 al blog Pos això i allò i a l'Aguaita

Últimament, es parla molt dels vehicles elèctrics com a solució a la contaminació que generen els cotxes de gasolina i dièsel.

El 13 de novembre el govern espanyol va comunicar que volia prohibir la venda de cotxes dièsel, gasolina i híbrids. Aquesta mesura la vol prendre per reduir les emissions de CO_2 als nuclis urbans. Però aquesta mesura és realment efectiva? El millor per acabar amb la contaminació és prohibir els vehicles que no siguin elèctrics?

És cert que el cotxe elèctric no genera emissions de CO_2 directament, però sí que en genera l'electricitat amb què s'alimenta. Aquesta mesura no reduirà prou el CO_2 mentre hi hagi centrals tèrmiques que generin electricitat cremant combustibles fòssils com el gas o el carbó. D'altra banda, el CO_2 no és l'única emissió dels automòbils: es calcula que actualment entre el 30 i el 40% de les emissions generades pels vehicles són fragments dels pneumàtics, dels frens i del paviment. S'està treballant per millorar la tecnologia i reduir aquestes emissions?

Els automòbils elèctrics tenen altres inconvenients i contradiccions ambientals. Les centrals tèrmiques no són l'única forma de generar electricitat, també hi ha centrals nuclears: què haurem de fer? Construir noves centrals nuclears per reduir el CO_2? Les centrals nuclears no generen emissions de CO_2, com les tèrmiques, però sí que generen uns residus altament radioactius, impossibles de reutilitzar i que no es poden tractar, has d'esperar milers d'anys perquè perdin força i deixin de ser radioactius. Això és el que volem? Omplir el país de centrals i cementiris nuclears?

Potser utilitzarem energies renovables. Que si ho segueixen gestionant com fins ara evitarem generar CO2 i residus nuclears, però trinxarem el territori. A la Terra Alta actualment hi ha més de 180 aerogeneradors i segons els plans n'hi haurà 120 més. Si seguim per aquest camí tota la Terra Alta -i altres comarques de Catalunya- acabaran repletes de molins.

Però aquests no són els únics problemes dels vehicles elèctrics. Fins ara el combustible s'emmagatzemava als dipòsits; a partir d'ara no hi hauria cap dipòsit, l'electricitat s'emmagatzemaria a unes grans bateries que porten els cotxes. Aquestes bateries estan fetes d'àcids tòxics i minerals. L'obtenció dels minerals té un alt preu social i ambiental. Aquests minerals (com el cobalt, el níquel o el coure) generalment s'obtenen de països en vies de desenvolupament, on les condicions laborals són precàries, amb sous molt baixos i sense mesures de prevenció laboral; unint aquests problemes socials amb els problemes ambientals d'aquestes mines i l'alta quantitat d'emissions de gasos d'efecte hivernacle que es generen en fondre i refinar aquests metalls, en especial el níquel que també genera gasos tòxics.

Veient tot això potser és contraproduent fer el salt dels vehicles actuals als elèctrics, en especial pels problemes que generen les bateries i l'obtenció de l'electricitat. Però no és del tot dolent, però se n'ha de fer una bona planificació i no començar la casa per la teulada, cosa que sol passar a l'estat espanyol.

Abans d'aplicar aquest pla, primer ha d'haver-hi un consens polític, per evitar que el següent govern no canviï els plans; segon, s'ha de parlar amb les elèctriques i les empreses automobilístiques per millorar les tecnologies d'obtenció i d'emmagatzematge de l'electricitat, per reduir els problemes que comporten i reduir realment els residus i emissions dels gasos que generen l'efecte hivernacle; tercer, s'ha de fer una bona planificació dels tempos del pla consensuat amb les automobilístiques per afectar el menys possible als treballadors de les fàbriques, els concessionaris i tallers mecànics.

Però potser el més intel·ligent de tot seria que les institucions invertissin, de veritat, en infraestructures i milloressin els serveis de transport públic, així no farien falta els vehicles privats. O podrien ajudar als consumidors a què s'autoabasteixin l'electricitat amb plaques solars o aerogeneradors domèstics. I si no volen fer res d'això, existeix un motor que soluciona la gran part d'aquests problemes: el vehicle amb motor d'hidrogen.

El Motor d'hidrogen és difícil que algun dia sigui una realitat massiva: obtenir l'hidrogen és fàcil i el preu seria molt més baix que el de la gasolina o l'electricitat, i això a les grans elèctriques i petrolieres no els hi interessa.

De totes maneres no us preocupeu. Té pinta que serà una altra proposta del PSOE per quedar bé i que no s'acabarà aplicant.

Lo planeta s'acaba, reaccionem?

Publicat el 3 de setembre de 2019 al blog Pos això i allò i a l'Aguaita

Ja fa temps que sentim que cada dos per tres hi ha ones de calor, o que patim les temperatures més altes registrades. No són coses excepcionals ni admirables són una desgràcia que passa per culpa nostra i hem de reaccionar.

Ja fa temps que els mitjans de comunicació van nomenant quines són les suposades indústries culpables o els hàbits que agilitzen el canvi climàtic que estem patint, però mai van a l'arrel real del problema. L'última indústria assenyalada és la càrnia, és cert que és de les més contaminants, però no la que més contamina.

La indústria tèxtil i la petroliera, per exemple, contaminen més. Per què no les assenyalen a elles? Per què no ens diuen, per exemple, que deixem de consumir tanta moda ràpida que ens fa comprar roba sovint per estar al dia o perquè en ser roba barata dura poc i n'hem de comprar més sovint? Fàcil, són dues de les indústries més poderoses del món i les que dominen majoritàriament les grans empreses com Repsol o Inditex.

Mos diuen que no consumim tanta carn per salvar el planeta saben que això a qui afectarà serà al petit granger que veurà com haurà de tancar per la baixada del consum o hauria de malvendre els seus productes a les grans empreses del sector - com passa amb la fruita i la verdura- per treure's el producte de damunt o intentar sobreviure i així les grans empreses del sector es fan amb el domini del sector.

Tampoc fan molta publicitat a les dades gravíssimes de la contaminació que generen els creuers que diàriament passen per davant la costa catalana. Al mes de maig es van publicar un estudi amb la contaminació provocada pels creuers a 50 ports europeus. El port de Barcelona és el més contaminat d'Europa per culpa dels 105 creuers que van passar pel port el 2017.

Los 105 creuers van fer que al port de Barcelona s'emetessin 32,8 tones de sofre a l'atmosfera (cinc vegades més del sofre que emeten los vehicles de la ciutat) sumades a les 700 tones d'òxids de nitrogen (equivalent al 28% d'òxids de nitrogen que emeten els cotxes de Barcelona).

Potser la culpa no és únicament de la carn, també és de menjar-se-la viatjant amb creuer o d'anar-la a comprar amb el cotxe.
I si canviem de dieta quina millora li donarem al planeta? Si deixem de menjar carn, realment salvarem al planeta? Jo crec que no, mentre seguim al sistema capitalista que ha provocat la crisi climàtica no farem res, si consumim fruites i verdures als grans supermercats que les porten de Sud-amèrica, Àfrica o Àsia o comprarem preparats de verdures (que també, a saber d'on venen les verdures) no guanyarem res, continuarem contaminant amb el transport i empobrint lo sector primari local.

S'han de canviar els hàbits, però no només alimentaris, també de consum, hem de deixar de consumir aliments de fora, si consumim producte de proximitat, guanyarem perquè ajudarem un veí a tirar econòmicament endavant, però també reduirem les emissions de CO_2 i altres gasos contaminants o d'efecte hivernacle. També hem de canviar els hàbits de mobilitat, tenim cames, per què no anem més a treballar o a comprar caminant? Per què no mos movem més per la ciutat o lo territori amb transport públic?

També hem de canviar els hàbits de consum, hem de ser conscients que estem omplint lo planeta de plàstics i abocadors, per tant, hem de reduir els residus, quan comprem hem de mirar no només el preu, també hem de mirar l'origen dels productes, la quantitat de plàstic de l'embolcall, mirar de comprar productes que no estiguin fets de plàstic (com los raspalls de dents de bambú) o si lo producte té embolcall inútil (com les caixes de les pastes de dents). Així reduirem els residus i lo més important, reduirem lo consum de plàstics, que com ens estan ensenyant els nostres mars i oceans: és un dels pitjors invents de la història, tenim illes gegants de plàstic als mars i oceans.

Lo plàstic del mar acaba a l'organisme dels animals marins i al nostre, s'han fet estudis alarmants on es demostren que gran part de la sal marina que consumim conté microplàstic així com los peixos que mos mengem.

En resum, que si volem canviar la situació, no hem de canviar molts dels nostres hàbits diaris i de sistema. El capitalisme amb el seu consumisme i la comoditat ens han ficat a la crisi climàtica i amb lo sistema capitalista no en sortirem. Lo capitalisme mos farà anar canviant el producte a consumir però sempre aconseguit a través d'explotar i esprémer la matèria primera, los recursos naturals, als animals i a les persones.

Després del divendres negre arriba el dilluns de fum

Publicat el 3 de desembre de 2019 al blog Pos això i allò i a l'Aguaita

Durant la setmana passada, i en especial el passat divendres, es van viure uns dies d'exaltació al consumisme compulsiu.

El Black Friday és un dia en què les grans empreses com Amazon fan negoci amb les grans ofertes que fan per vendre gran part de l'estoc del qual disposen a costes dels petits comerciants que es veuen obligats a fer ofertes arriscant-se a tenir uns beneficis mínims o morir.

A les grans empreses com Amazon els hi surt molt rendible el Black Friday i els altres dies de grans ofertes com el Cyber Monday. Ells fan compres massives per comprar els productes a un preu molt barat, de fet s'ha vist com Amazon compra tant a un preu tan barat que acaba llançant part del seu estoc perquè els hi surt més rendible fer grans compres i llançar una part de la compra que fer compres «normals» i vendre-ho tot, per això és tan rendible per ells el Black Friday o Cyber Monday. Es treuen del damunt l'estoc abans de llançar-lo així encara tenen més beneficis mentre les botigues de barri i poble es veuen obligades a abaixar preus per malviure o directament tancar.

Et fan grans ofertes i anuncis de les seves ofertes per tot arreu mentre cada any hi ha més europeus i estatunidencs amb una malaltia pareguda a la ludopatia: el consumisme compulsiu, una malaltia que també arruïna persones i famílies.

El Black Friday són uns dies en què els productes ens surten més econòmics, però també és un dia que al planeta li surt molt car. Mentre comprem compulsivament per internet roba, aparells electrònics i altres productes que segurament no necessitem o ja tenim la versió anterior (que encara funciona bé) a un preu reduït econòmicament ho paguem a un preu ecològic molt alt. Durant aquests dies es multipliquen les compres per internet i, per tant, les emissions de CO_2 provocat pels enviaments dels productes.

A tot això cal sumar la contaminació quotidiana i la vulneració dels drets humans de la indústria tèxtil (la segona indústria més contaminant del món i una de les indústries més beneficiades pel Black Friday), la contaminació per la fabricació d'aparells electrònics i per extreure els metalls necessaris per poder fabricar els aparells electrònics. Tots i totes a casa tenim roba, ordinadors i mòbils tacats amb la sang dels esclaus que ho fabriquen o extreuen la matèria primera necessària.

I després d'aquests dies de consumisme compulsiu i contaminació se celebra a Madrid una cimera pel clima. A Madrid, la capital d'uns dels països de la Unió Europea més multat per no seguir les normatives ambientals marcades per Europa. Un estat dirigit per l'Ibex, un cau de corruptes i responsables dels problemes ambientals que viu l'estat Espanyol i el planeta. Per culpa de les elèctriques que gestionen els pantans de l'estat, no arriben prou sediments al Delta de l'Ebre ni de la resta de rius. Per culpa d'Inditex i el seu model de negoci hi ha persones esclavitzades treballant a tallers de roba del sud-est asiàtic i Àfrica. Per culpa de petrolieres com Repsol i elèctriques com Endesa es frena el desenvolupament de les energies renovables. La cimera se celebra a la ciutat on està la tribuna del Bernabéu, epicentre de l'amiguisme de l'estat responsable, d'entre altres coses, del CASTOR.

Vist tot això, és lògic que no tingui cap confiança amb la cimera del clima ni en les persones que participen. És una cortina de fum on s'arribarà a una proposta de mínims que si no perpetuen els països més contaminants del món com els Estats Units d'Amèrica o la Xina i les empreses o indústries que més contaminen com la indústria tèxtil o electrònica.

L'esperança del planeta està en les petites accions que podem fer les persones baixant el ritme del consumisme, consumint més productes i embolcalls ecològics i/o biodegradables. L'esperança està amb les petites empreses que estan sortint i que t'ofereixen el mateix producte però fabricat amb material reciclat o biodegradable (això sí, a un preu més car per la nostra butxaca però millor pel planeta). L'esperança està en totes les organitzacions i plataformes que existeixen i lluiten per un planeta més sostenible que respecti el planeta i els drets humans.

Espero equivocar-me i que la cimera serveixi de molt i el compte enrere del planeta s'aturi, però poca confiança en què els responsables de la situació actual la canviïn.

La Terra parla, l'escoltem?
Publicat el 3 de febrer de 2020 al blog Pos això i allò i a l'Aguaita

Durant el mes de gener la costa catalana i en especial la de les Terres de l'Ebre hem vist el que ens ofereix el futur gràcies al canvi climàtic i a l'explotació que la CHE fa del nostre riu.

Un temporal com el que vam veure no és habitual a la nostra zona, com tampoc ho són les temperatures que hem viscut els darrers anys. Aquestes "rareses" climàtiques són provocades pel canvi climàtic, lo planeta mos està avisant que el temps s'acaba, que ho fem ràpidament per arreglar-ho o ja serà tard.

Els darrers anys les empreses i governs europeus responsables del canvi climàtic es venen com a empreses verdes i sostenibles quan l'únic que fan és explotar el planeta d'una altra forma. Algú creu que salvarem el planeta si Endesa (l'empresa espanyola més contaminant) utilitza energies renovables? Evidentment no, potser deixaran de contaminar amb la forma directa de fer l'energia però la contaminació seguirà però a un segon pla. Les grans empreses capitalistes i amigues dels governs l'únic que busquen és el màxim benefici al mínim cost. Això què vol dir amb les energies renovables? Fàcil, explotar els rius, construint més pantans, omplint els boscos i zones rurals de molins i plaques solars.

Durant el gener també hem vist com empresaris "voltors" (em sap greu pel noble animal, però és lo nom que se'ls dona) estan contactant amb els propietaris de les zones cremades per l'incendi de la Ribera d'Ebre que vam patir a l'estiu per tal d'omplir la zona amb plaques solars, si això es permet, tindrem uns estius amb molts incendis per poder vendre els terrenys per instal·lar plantacions solars com ja ha passat a altres punts de l'Estat d'ençà que es permet edificar a les àrees cremades.

Si això es permet, a poc a poc ens quedarem sense agricultura a Catalunya perquè entre el baix preu que es paga als pagesos i el que paguen per hectàrea més d'un pagès deixarà el camp reduint la qualitat dels productes que trobarem a les botigues i reduint l'oferta del producte de Km 0 i de proximitat. Són dos riscos que no podem córrer i el correrem mentre la solució per salvar lo planeta no surti del capitalisme, amb capitalisme no hi ha futur, només corrupció i explotació dels recursos naturals.

El temporal Glòria també ens va ensenyar com serà el Delta en uns anys, part del Delta es va inundar durant el temporal i per culpa d'ell hem perdut la barra del Trabucador. Bé, segons un titular irresponsable de la Vanguardia no hem perdut la barra, hem guanyat una illa...

Hem vist que el Delta de l'Ebre té un problema més, fins ara només calculàvem la seva desaparició amb l'augment del nivell del mar provocat pel canvi climàtic i amb la falta de sediments i aigua que arriben a la desembocadura, però com teníem presents que arribarien temporals com el viscut i que segons els experts cada any serà més habitual sofrir temporals així a la costa mediterrània.

Hem de lluitar per fer baixar los sediments que es queden als embassaments de l'Ebre i els seus afluents. El problema dels sediments és que hi ha molts interessos econòmics al darrere.

Les elèctriques controlen el riu i fan baixar l'aigua pels seus interessos, no miren les necessitats del Delta o la perillositat que pot tenir fer baixar molta aigua de cop per la gent que viu a la vora del riu, estiren la corda per obtenir el màxim benefici. Si els sediments es queden als embassaments, cada cop cabrà menys aigua i s'haurà d'anar ampliant l'embassament, beneficiant així a la constructora de Florentino Pérez (com es veu al pantà de Yesa i lo seu projecte d'ampliació).

Però totes les conseqüències del temporal no han sigut dolentes, de nou hem vist com la gent s'ha organitzat per netejar, arreglar i recuperar les zones afectades. Una segona conseqüència positiva és que la CHE per fi s'ha despertat i ha vist que el Delta necessita sediments, potser s'han adonat que com pitjor estigui el riu i el Delta menys diners per ells, o potser no, potser s'han conscienciat.

Estic segur que les imatges de destrucció que ha deixat arreu de la costa i tots els plàstics que ens ha tornat el mar han conscienciat més d'un sobre la importància de treballar contra el canvi climàtic i la importància de reduir el plàstic. Per desgràcia, segurament, cap dels conscienciats serà un empresari de l'Ibex ni cap governant europeu.

Coronavirus, no serà l'últim problema

Publicat el 4 de maig de 2020 al blog Pos això i allò i a l'Aguaita

Des que es va fer pública l'aparició de la Covid-19 entre els humans, han sortit moltes teories per respondre a la pregunta de com havia arribat aquest virus.

N'hi ha de tota classe, teories de la conspiració i teories d'una transmissió directa d'un animal a un humà que es va menjar un ratpenat o que va comprar un animal exòtic per tenir-lo com a mascota. Teories sobre una possible guerra bacteriològica entre els Estats Units i la Xina. S'ha sentit que era un virus que s'ha escapat d'un laboratori xines, també que l'exèrcit nord-americà va soltar el virus a la Xina. La veritat, si algunes d'aquestes teories de la conspiració són certes o no, no ho sabrem mai. Així que millor parlar del futur que ens espera i com poder-lo canviar, no?

Tothom és conscient que quan tot torni a la normalitat real, és a dir, al dia que tinguem una vacuna contra el coronavirus, i no a la nova normalitat que tindrem en unes setmanes, ens enfrontàrem a una crisi econòmica brutal, diuen que més ferotge que la de fa 13 anys. Una crisi que afectarà més uns països que a uns altres, tot dependrà de la guardiola que tinguin els estats, del nivell econòmic dels ciutadans i de les polítiques que apliquin els governs.

Mirant tot això i les declaracions d'economistes, del Banc central europeu i l'FMI tot fa indicar que l'Estat espanyol serà dels que més patirà i si no ho evitem, qui més patirà, de nou, serà el poble, la classe treballadora i potser provoca directament o indirectament més mort. Ja sigui per quedar-se més gent sense un sostre, sense aigua, llum o calefacció, desnutrició, suïcidis per la situació econòmica o quan et venen a desnonar com ja ha passat els darrers 10 anys.

Hem de treballar per evitar que la crisi que vindrà la paguin els de sempre. La classe treballadora no pot donar més, ara han de donar els rics, bancs, classe política i la Casa Reial.

No pot ser que mentre el poble es queda sense faena i sense menjar els bancs no hagin tornat res del rescat gratuït a la banca que va fer el govern espanyol, mentre continuaven desnonant, no donant crèdits, etc. No pot ser que les grans empreses, com Inditex facin ERTOS perquè l'estat pagui els sous dels treballadors (però això sí, tothom a aplaudir a Amancio Ortega perquè ha comprat unes quantes mascaretes).

No pot ser que la gent no arribi a final de mes mentre les grans fortunes patriòtiques tenen els seus diners fora de l'estat. No és lògic que la monarquia que anualment li costa milions d'euros a l'Estat, el rei Juan Carlos I tingui diners a paradisos fiscals. Això és inaudit!

Per això ens hem de preparar per lluitar, per evitar que els de sempre paguin els plats trencats de la mala gestió i la corrupció. Necessitem que els bancs espanyols, polítics corruptes i el rei emèrit tornen els diners a l'Estat que segons ells tant estimen.

Hem de treballar per evitar que el poble ho pagui i per lluitar per un canvi de model. Hem d'aprofitar la parada mundial per replantejar el model econòmic. Val la pena seguir al sistema capitalista? Val la pena forrar-se a costa del medi ambient?

Evidentment que no, no podem continuar explotant el planeta per la riquesa de 4 persones.

No, no podem continuar explotant el planeta, perquè el planeta acabarà sent un desert, però abans de "desaparèixer" desapareixerem nosaltres. El canvi climàtic també ens afecta directament i indirectament.

Fins ara el desgel ens podia parèixer una cosa "menor", perquè "només" faria augmentar el nivell del mar. Però ara, gràcies a una investigació que va començar el 2015, sabem que el gel del planeta hi ha virus que fins ara no coneixíem. Es van analitzar mostres del gel més antic del planeta, d'uns quinze mil anys, i van trobar 33 grups de virus diferents congelats dels quals 28 eren desconeguts.

Als estudis també diuen que per la quantitat trobada de 18 d'aquests grups de virus, segurament són virus que afecten els bacteris que també s'han trobat al gel.

Però bé, en tot cas, encara tampoc es coneixen massa aquests nous virus ni quants virus desconeguts amaga tot el gel que hi ha al planeta.

D'altra banda sabent que com a mínim existeixen 28 grups de virus congelats: Us imagineu viure la situació actual fins a 28 vegades més i amb virus que no han estat mai amb contacte amb l'ésser humà? Us imagineu la catàstrofe humanitària i econòmica que això comportaria?

No sé quant tardarà a desfer-se el gel que guarda aquest virus, de fet, espero que algun dia es deixin de descongelar les capes de gel del planeta. No sé quant tardarien els virus a arribar a tenir contacte amb algun animal o humà, potser no passa mai (els experts diuen que és un risc a tenir en compte, però que no hi ha motius per alarmar-se). Potser són virus que no ens afecten, potser.

Lo que és segur és que hem de lluitar per evitar que la crisi del coronavirus la paguem els de sempre i hem de lluitar per canviar el model de producció a un model sostenible, respectuós amb el medi ambient i de proximitat.

Català a les plataformes

Per què hi ha poques versions en català a les Plataformes de streaming? (Part I, plataformes)

Publicat el 5 de maig de 2021 al blog Pos això i allò, Desdelsofà.cat, EbreDigital, El Cinèfil, Marfanta i Racó Català

"Per què hi ha poques versions en català a les plataformes de streaming?" Sempre m'he fet aquesta pregunta, per això fa dues setmanes vaig voler tenir una resposta. Vaig enviar correus de queixa a una quinzena de plataformes d'streaming per saber els motius de la seva manca o falta de versions en català, de productes que ja estan doblats o subtitulats al català i també demanant la traducció de la interfície al català.

Fa poc es va publicar una enquesta d'Òmnibus de l'empresa GESOP, on es veia que clarament els consumidors d'streaming catalans volem les versions en català a les plataformes. El 77,6% volem les versions en català disponibles a les plataformes, el 76,3% dels ciutadans també volem els subtítols en català i un 83% les interfícies en català.

Entre el dijous 15 i el dissabte 17 d'abril vaig enviar correus a les plataformes: Filmin, Prime Video, Rakuten, Netflix, HBO, Disney+, PlayStore, Youtube, Movistar+, FlixOlé, OrangeTV, VodafoneTV, FuboTV, PlutoTV, Crunchyroll, Starz i MagellanTV. Totes m'han respost menys Youtube, Movistar+ i Disney+. Al rebre les primeres respostes vaig pensar que també era necessari preguntar el mateix a les distribuïdores, per això vaig enviar correu a una vintena de distribuïdores. Però avui només parlaré de les plataformes, en els pròxims dies publicaré un altre article parlant només de les distribuïdores.

Un cop feta aquesta petita explicació, per situar-vos, passaré a explicar la situació del català a les diferents plataformes amb què he parlat i com van ser les seves respostes. He pensat posar una puntuació a cada plataforma a partir del tracte que donen actualment al català, la puntuació no té res a veure amb la qualitat ni la quantitat del catàleg en general, ni en les seves respostes, només en la qualitat del tracte que actualment donen al català.

Comencem per l'única plataforma que ha aprovat, i ho fa amb molt bona nota. Filmin.

9. **Filmin**. La plataforma de streaming catalana és de les poques plataformes que té les interfícies en català (a través de la web filmin.cat), és l'única que utilitza el català a les xarxes socials (perfils de FilminCat). A més a més, és de les poques que et poden assegurar l'atenció al client en català. Però, a part, una altra gran diferència amb la resta de plataformes, és que tenen més de 800 títols en VC al seu catàleg i més de 1600 VOSC, molt fàcils de trobar gràcies als seus filtres. Per tot això és la millor, però tot i ser la millor i tenir tanta oferta en català, no tenen totes les versions en català que existeixen del seu catàleg, tenen diverses sèries i pel·lícules que han estat doblades al català, però a Filmin només es poden veure en castellà o versió original.

Per això tenen un 9 i no un 10, per això els vaig enviar un correu, molt diferent de la resta de plataformes, això sí, a Filmin no vaig enviar el correu enfadat, simplement vaig preguntar per què falten algunes versions en català i vaig posar alguns exemples, com per exemple Akira, El nostre últim estiu a Escòcia, pel·lícules d'Alfred Hitchcock o sèries infantils com Vickie, el víking.

Com sempre, em van respondre amablement i em van explicar que sempre intenten tenir les versions en català, però que no sempre és possible, ja que depèn dels contractes signats amb les distribuïdores o perquè no tenen els drets d'exhibició, dues coses necessàries per poder tenir les versions en català.

– Un cop acabat amb Filmin anem amb les plataformes que han suspès. Les altres 16.

3. **Rakuten**. La menys pitjor és Rakuten, la plataforma japonesa no té xarxes socials ni la interfície en català, però pots configurar perquè les pel·lícules que tenen VC es reprodueixin automàticament en català. A la secció de pel·lícules no pots buscar les que tenen disponible les versions en català amb filtres, els únics filtres per idioma de l'àudio estan al buscador, has de buscar ficant espai al cercador i després filtrar per llengua. Actualment, hi ha 172 pel·lícules en català, entre elles El Senyor dels Anells: Les dues torres i El Senyor dels Anells: El retorn del rei i cap sèrie.

Els agents de Rakuten amb els que vaig parlar, via correu electrònic, em van respondre sempre en català. Pel que fa a la falta de contingut en català em van donar la raó i em van explicar que les opcions d'àudio i subtítols depenen directament de les còpies que els faciliten els distribuïdors i les productores, no només d'ells. Em van expressar la seva voluntat de canviar-ho, i afegir més contingut en català, també em van dir que la traducció de la interfície és una opció que podria ser viable i que l'estudiaran.

Per desgràcia entre les 172 pel·lícules, per exemple, no n'hi ha cap de Dreamworks i de Disney només dues. També és estrany que Harry Potter no estigui disponible en català a Rakuten, però sí a Prime Video.

2. **Prime Video**. La plataforma d'Amazon no té les xarxes socials, ni la interfície en català, tampoc es pot buscar el contingut en català a través de filtres i algun del contingut que tenen en català no surt indicat a la descripció, ho has de mirar a la pestanya d'idioma del reproductor. He de dir en favor seu que van ser els més ràpids en respondre. Al cap de 5 minuts d'enviar el missatge per la seva web, una agent em va trucar per parlar de la situació del català i respondre qualsevol dubte, això sí, en castellà i amb un número de telèfon irlandès.

Em va explicar que els idiomes depenen de les distribuïdores, que si no tenen o no ofereixen les versions en català, ells no poden fer res. Després de la seva explicació vaig preguntar pel cas concret de Cites, sèrie de TV3 que la primera temporada, només estava disponible en castellà, no em podia creure que TV3 només oferís la temporada en castellà, l'agent no sabia el cas concret i em va repetir que no depèn d'ells. Per sort al llarg d'aquesta setmana Prime Video ha afegit la versió en català de la primera temporada de Cites.

Sobre la possibilitat de traduir les interfícies em va dir que passaria el suggeriment a l'equip corresponent (una resposta molt habitual).

A Prime Video és impossible saber les versions en català, no tenen filtres i alguns títols a la descripció no ho indica, però l'usuari de Twitter @fabrebatalla18 ha creat, per iniciativa pròpia un filtre per trobar el contingut en català a Prime Video, ara podem saber que, en part gràcies al contingut de TV3 del que disposen, tenen 83 títols, 8 d'ells pujats aquesta setmana. Una de les coses més sorprenents de la marginació del català a Prime Video, és la secció d'anime, on per exemple, estan començant a posar capítols del Detectiu Conan, però només en castellà, ni rastre del català, remarco l'exemple del Detectiu Conan perquè en català hi ha el doble de capítols doblats que en castellà i les 24 pel·lícules, mentre que en castellà només 5.

1,5. **Movistar+**. L'empresa espanyola no té les interfícies en català, ni les xarxes socials. Sí que pots buscar els àudios en català, però tenen 33 títols en català. És una de les tres plataformes que no em va respondre durant el més abans de publicar l'article (el 10 de maig), però una setmana després de la publicació es van posar en contacte amb Racó Català per desmentir-me i dir que jo no havia contactat amb ells i que tenen més de 40 títols en català. Lògicament, vaig enviar un correu a Movistar+ i Racó Català amb captures de pantalla per demostrar que havia contactat amb ells i que no havia tingut resposta, també per demostrar que només tenen 33 títols en català. Vaig parlar amb ells per telèfon i em van dir que tenien un acord amb Política lingüística i que "tenien totes les versions en català existents", lògicament segons ells, perquè al meu missatge donava exemples de pel·lícules que tenen versió en català i ells no ofereixen, els vaig tornar a dir els exemples. Després de penjar vaig rebre un correu de Movistar+ on m'explicaven amb detalls l'acord amb la Generalitat, on afirmaven que abans de comprar un títol preguntaven a la Direcció General de Política lingüística si aquella pel·lícula que volen comprar està doblada al català o no, per demanar el doblatge català, i que per això poden afirmar que tenen tot el català disponible, aquesta afirmació està confirmada per Política Lingüística.

Vaig respondre el correu amb exemples de pel·lícules que altres plataformes tenen en català i ells no, també amb pel·lícules que cap plataforma té la versió en català. Ja han passat dues setmanes d'aquest correu, novament no tinc resposta, per això no sé per què no tenen la versió en català de, per exemple, Promare, una de les poques pel·lícules que AppleTV té en català, igual que Rakuten i Filmin. També vaig afegir altres exemples com: AstroBoy, El senyor dels Anells, El Hòbbit, L'Home que va inventar Nadal, La noia que saltava a través del temps, Els Elfkins, L'últim rei, Her Blue Sky, Ballerina, Gru, El secret del llibre de Kelly, La cançó del mar, Matrix, Codi font o El Padrí.

Tenen molts més títols amb versió en català que no ofereixen. No sé si és culpa de Movistar+, Política Lingüista o les distribuïdores, però el fet és que tenen moltes menys versions en català de les que podrien. De fet, hi ha distribuïdores com Selecta Visión que tenen pel·lícules en català i pel·lícules sense la versió en català, per tant, potser la culpa és més de la plataforma que de les distribuïdores o potser el problema és més de Política Lingüística per no tenir del tot controlat els títols que tenen versió en català.

0,5. **Netflix**. L'empresa americana no té les interfícies en català, ni les xarxes socials i no arriben ni a deu títols en català (entre VC i VOSC).

Amb ells no va ser fàcil contactar, no tenen cap correu a la web (almenys pels que no som clients) ni han respost per les xarxes socials. Al final vaig trobar el xat d'atenció al client i vaig contactar per allà. El xat és per problemes tècnics més que demandes, però l'agent em va atendre igualment i em va dir que el catàleg de Netflix funciona per llicència, que ells comprenen el contingut a les productores i elles decideixen com s'han d'introduir a la plataforma i amb quines opcions d'àudio i subtítols.

L'agent també em va dir que de totes maneres enviaria els meus suggeriments als departaments pertinents per estudiar-ho i, també, em va enviar l'enllaç per enviar suggeriments a Netflix i proposar títols en català. Vaig suggerir les interfícies en català i algunes versions en català de pel·lícules i sèries que tenen, com per exemple Breaking Bad.

Al catàleg de Netflix hi ha més de 300 títols que tenen versió en català, però Netflix no ofereix ni deu versions en català, un 0,5% del seu catàleg.
0,5. **Google Play Store** i **YouTube**. Les plataformes de compra i lloguer de pel·lícules de Google no tenen pràcticament res en català i és molt difícil trobar-ho, però tenen la interfície en català.

De YouTube ningú m'ha respost, però de Play Store sí, però, la veritat, és com si no m'haguessin respost, l'agent no sabia el motiu de la manca de contingut en català. Vaig demanar-li que ho preguntes i m'informes, però ja no sé res més d'ells.

0,2. **Disney+**. L'empresa estatunidenca no té les interfícies en català, ni les xarxes socials ni facilita trobar l'escàs contingut

105

en català. Només tenen 4 pel·lícules en català, però n'hi ha dos que per veure la VC l'has de buscar a l'apartat d'extres i no al menú d'idiomes.

La multinacional americana tampoc m'ha respost cap correu ni missatge a les xarxes socials, però la resposta és evident, no ho tenen perquè no volen. A diferència de la resta de plataformes, ells són plataforma, productora i distribuïdora, i per tant tenen els drets de la gran part del seu contingut, i si volguessin ho podem tenir en català. Moltes de les pel·lícules de Pixar, la saga d'Star Wars (menys l'Amenaça fantasma), part del contingut de Marvel i molts dels clàssics Disney tenen versió en català, doblades amb l'ajuda de Política lingüística i en alguns casos traduïdes per TV3.

Per tot això el cas de Disney és el més esgarrifós i lamentable de tots, són propietaris de molt contingut que té versió en català, però no la volen publicar tot i no suposar cap despesa significativa, o directament, cap despesa.

El català no és l'únic idioma marginat per Disney, ja que a Islàndia els clients de Disney+ no podem veure el contingut en islandès.

– Després de Disney+ passem als que han tret un zero, rodó.

0. **HBO**. L'empresa de Joc de Trons no utilitza el català per a res. Al seu catàleg hi ha 0,5 títols en català i, lògicament, ni la interfície, ni les xarxes socials estan en català. No tenen ni una pel·lícula en català, ni un capítol de Doraemon. L'únic rastre de català a la plataforma és la sèrie documental Vitals d'El Terrat,

106

una sèrie gravada a un hospital de Barcelona on hi ha diàlegs en català i castellà.

HBO em va enviar dos correus, per respondre el meu missatge, un primer correu en castellà i un segon en català (suposo que algun responsable va fer respondre'm a algun treballador català per mirar si podien quedar bé, perquè la resposta era la mateixa, però en català).

Als seus correus em van explicar que HBO només treballa amb versions originals, versions en anglès i versions en castellà i, que, com no tenen cap versió original catalana, no tenen res en català al catàleg.

També em van dir que prendrien nota de la meva queixa i ho passarien als departaments pertinents per estudiar-ho (com diuen totes les plataformes).

0. **FuboTV**. La plataforma estatunidenca de contingut en directe i a la carta. No tenen res en català, ni canals ni sèries ni pel·lícules. A la seva plataforma es pot veure BarçaTV, però només l'emissió en castellà, els duals en català i anglès de BarçaTV, no.

A ells els vaig preguntar per la manca de contingut en català i canals (en concreto pel cas de BarçaTV). Em van dir que estaven treballant per poder oferir els duals en català i anglès de BarçaTV i ampliar l'oferta de canals afegint alguns canals d'èxit en català.

Sobre la manca de contingut en català a la carta, em van dir que no poden fer res, depèn directament dels canals amb què treballen, perquè el seu contingut en streaming, és contingut que prèviament han emès els canals que es poden veure a la plataforma, com per exemple Movistar+ Series i Comedy Central. Per tant, per exemple, que Benvinguts a la Família només estigui en castellà es culpa de Comedy Central.

0. **PlutoTV**. És una plataforma gratuïta que ofereix contingut en directe i a la carta. Tampoc tenen res en català. Al seu catàleg podem trobar sèries que tenen versió en català, i de fet, fa poc es va fer públic un acord entre PlutoTV i la distribuïdora catalana Luk Internacional, un acord que proporciona un canal d'anime a PlutoTV. Tot l'anime que es podrà veure al canal té versió en català, una versió que els usuaris de PlutoTV no podran gaudir perquè el canal només estarà disponible en castellà, no hi haurà cap canal d'anime en català ni un dual en català al nou canal.

Al missatge vaig preguntar per la possibilitat de traduir la interfície al català, la falta del català al seu contingut i per què l'acord amb Luk no incorporava el català. L'única resposta que vaig tenir va ser que es passaria el meu comentari als equips pertinents per estudiar el suggeriment.

0. **FlixOlé**. La plataforma espanyola no té contingut en català ni utilitza el català a la interfície ni a les xarxes socials.

Em van expressar les seves disculpes per la falta del català i em van explicar que al seu catàleg i els idiomes dels quals disposen depenen del material que disposen i que en cap cas tenen la voluntat de discriminar cap llengua. També, com la resta, em va dir que passaria tots els suggeriments al departament tècnic per estudiar-ho.

0. **Starz**. El canal estatunidenc de sèries, està disponible a diverses plataformes com Prime Video i Rakuten no té res en català i els agents que m'han contactat no sabien quan tindrien contingut en català, de fet no sabien si en tindran mai.

0. **Orange TV** i **Vodafone TV**. Les plataformes de streaming de les dues telefòniques tampoc tenen cap versió en català i els seus agents em van dir que traslladarien totes les meves demandes als departaments pertinents per tal d'estudiar-ho.
– Crec que per grandària i per ser de temàtica concreta i no genèriques com les anteriors, no són comparables a la resta, però, tot i això, vaig contactar amb elles per veure que pensaven i quins plans tenien per la nostra llengua, i que coneguin el català, en cas de no conèixer-lo d'abans.

0. **Crunchyroll**. La plataforma d'anime tampoc té res en català. Tot i que, com els hi vaig explicar, l'anime té un gran seguiment a Catalunya i hi ha moltes sèries i pel·lícules doblades al català, algunes d'elles al seu catàleg.

A la seva resposta, l'agent que va contactar amb mi, em va dir que agraïen els meus comentaris i que actualment no tenen informació sobre la possibilitat d'incorporar el català a la plataforma, però que si hi ha canvis ho publicaran a les xarxes socials.

0. **MagellanTV**. És una petita plataforma estatunidenca de documentals. Tot el seu contingut està en anglès i em van dir que tenen algunes coses en castellà disponibles a l'estat espanyol, però que de moment no tenien res en català.

Em van respondre el correu en català (al correu indicaven que havien fet servir el traductor de Google). Al correu em van agrair que contactes amb ells i els meus comentaris, em van dir que treballarien per un futur poder oferir contingut en més idiomes.

– Com podeu veure el contingut en català a les plataformes de streaming és marginal. Hi ha molta faena per fer amb les plataformes de streaming i els clients i institucions tenim un paper clau. Hem de pressionar a les distribuïdores perquè facilitin les versions en català a les plataformes i a les plataformes perquè l'afegeixin. Per això també vaig contactar amb una vintena de distribuïdores catalanes, espanyoles i multinacionals, per saber la seva versió, per saber perquè contingut seu que té versió en català no està a les plataformes i demanar que facilitin les versions en català ja existents.

Avui només publico les converses amb les plataformes, en els pròxims dies publicaré les respostes de les distribuïdores, si ho ficava tot junt quedava molt llarg i a més a més estic esperant que Selecta Visión i ADSO Films m'enviïn les seves respostes, com m'han promès.

Per què hi ha poques versions en català a les Plataformes de streaming? (Part II, distribuïdores)

Publicat el 17 de maig de 2021 al blog Pos això i allò, Desdelsofà.cat, EbreDigital, El Cinèfil, Marfanta i Racó Català

El dilluns passat vaig publicar la primera part d'aquest article, "Per què hi ha poques versions en català a les Plataformes de streaming? (Part I, plataformes)". Avui, a la segona part, parlaré de les converses que vaig tenir amb les distribuïdores amb les quals vaig contactar, i de la situació a les plataformes de part del seu contingut.

Entre el dijous 15 i el dissabte 17 d'abril vaig enviar correus a 17 plataformes. En rebre les primeres respostes vaig pensar que també era necessari preguntar el mateix a les distribuïdores, per això també vaig enviar correus a les catalanes Minoria Absoluta, Rita&Luca Films, Alfa Pictures, Selecta Visión, Luk internacional, DeAPlaneta, Filmax i ADSO Films; així com a distribuïdores espanyoles i internacionals: Karma Films, Wanda, Universal, Dreamworks, Eone, Paramount, Sony, Disney, Warner Bros i Arait Multimedia. Amb les distribuïdores no he tingut tantes respostes com amb les plataformes. Només m'han respost Alfa Pictures, Rita&Luca Films, DeAPlaneta, Disney EMEA, ADSO FILMS i Selecta Visión. Com vaig fer amb les plataformes, a les distribuïdores també vaig enviar els correus en català i castellà, menys a les distribuïdores catalanes, que només el vaig enviar en català.

Les distribuïdores són les empreses encarregades de facilitar el contingut a les plataformes i, per tant, en teoria, serien les primeres interessades en què el català arribes a les plataformes de streaming, perquè així podrien treure el màxim rendiment als seus productes (o així penso que hauria de ser). Perquè una distribuïdora que no vol vendre o incorporar el seu contingut en català, per molt que estigui pagat pel Govern o TV3, és com si una editorial, edités llibres en català i castellà, però només posés a la venda els llibres en castellà. De fet, a l'estar pagat amb diners públics, s'hauria d'incorporar a les plataformes amb més motiu.

És cert que algunes distribuïdores ofereixen la versió en català gratuïtament i, per tant, no traurien cap rendiment econòmic directe, però sí indirecte: en difusió, imatge i en qualitat i quantitat del seu contingut i, també, per evitar les pèrdues per la pirateria, provocada per la baixa oferta legal de contingut en català.

De totes aquestes distribuïdores i productores només hi ha dos que tinguin el web en català, Minoria Absoluta i Rita&Luca Films.

ADSO: La distribuïdora catalana treballa amb diverses plataformes, però fins dijous passat només podem trobar el seu contingut en català a Rakuten i Filmin, tot i que el 28 d'abril va anunciar, via Twitter, que Prime Video i la resta de plataformes que tenen contingut seu també tindrien les versions en català. El dijous 13 de maig van començar la incorporació de les versions en català a Prime Video, van afegir-hi les versions en català de vuit pel·lícules. Al seu catàleg també podem trobar pel·lícules com Redbad o The Last King (Birkebeinerne), que, de moment, al Prime Video no tenen disponibles les versions en català.

Parlant amb ells he pogut constatar que tenen un bon compromís amb el català, ja que modificar el contingut del

Prime Video no és fàcil. Per afegir-hi un canvi als àudios, com pot ser afegir un nou idioma, primer s'ha d'eliminar el contingut de la plataforma i fins al cap de quatre dies no es pot tornar a pujar.

Espero que la distribució de les versions en català segueixi a bon ritme i aviat Rakuten i Prime Video tinguin tot el catàleg d'ADSO Films en català.

Alfa Pictures: És una de les distribuïdores catalanes en què entre el seu catàleg podem trobar anime, com per exemple les últimes pel·lícules del Detectiu Conan. Va ser la distribuïdora que em va respondre més de pressa i possiblement la que em va resoldre més dubtes.

Entre el seu catàleg podem trobar, per exemple, les pel·lícules del Detectiu Conan, la pel·lícula 22 del petit detectiu. El cas zero està en català a Filmin, Rakuten i Apple TV, però no a PlayStore, mentre que la pel·lícula 23, El puny de safir blau, es troba a Filmin i Rakuten en català. També La importància de ser Oscar Wilde, pel·lícula que a Rakuten té Versió Catalana (VC), però a Filmin i Play Store no, o L'home que va matar a Hitler i després al Bigfoot que a Filmin està en VC, però a PlayStore i Prime Video no. Aquí entra una de les grans informacions que m'ha permès entendre el funcionament de Prime Video. L'agent d'Alfa Pictures em va explicar com funciona Prime Video.

La plataforma té dos tipus de continguts: el contingut propi de la plataforma i el que pugen les distribuïdores independents. El contingut que és propi de Prime és el contingut que la plataforma adquireix directament i gestionen ells mateixos, aquest contingut pot tenir disponibles totes les llengües que la plataforma vulgui. Però les distribuïdores, com en aquest cas Alfa Pictures, que pugen el contingut elles mateixes, només tenen espai per un idioma, per això a diverses pel·lícules i sèries només hi ha la versió en castellà. Majoritàriament, a l'estat espanyol, en casos així les empreses distribuïdores solen triar la versió en castellà, per arribar a més gent, al cap i a la fi, són empreses privades i miren per treure el màxim rendiment dels seus productes. Però potser ho podrien pujar per separat, pujar el contingut en castellà i català per separat, com si fossin títols diferents, dic potser, com a idea, perquè no sé si Prime Video ho permetria.

També em van dir que els drets digitals de The Jungle Bunch i Doraemon no els gestionen ells i, que, per tant, no podem fer res per afegir-hi les versions en català a les plataformes on estan disponibles.

La gent d'Alfa Pictures es van comprometre a ser més "pesats" amb les plataformes per tal de poder incorporar les versions en català del seu contingut.

DeAPlaneta: La distribuïdora del Grupo Planeta, em va respondre explicant-me que ells sempre ofereixen les versions en català als seus clients, però que són les plataformes les que decideixen incloure, o no, les versions en català. Hi ha diversos exemples de contingut seu que tenen versió en català, però no està disponible a les plataformes. Per exemple, Astro Boy està a Movistar+ i Apple TV, però cap té la versió en català; Arthur i la guerra dels mons només està disponible en català a Rakuten; no obstant això, a HBO, Play Store i Apple TV; o l'Home que va inventar Nadal, tampoc està en català a Prime Video ni a Movistar+.

114

Pel que fa a la traducció de la seva web al català, em van dir que estan treballant en una actualització de la web que inclourà diversos idiomes, entre ells el català.

Filmax: És l'empresa de la saga de terror REC, entre d'altres. Per exemple, REC 3 i 4 van ser doblades al català. Les dues últimes pel·lícules de la saga es poden trobar a Netflix, HBO, Filmin i Rakuten, però només a Filmin es pot veure REC 4 en català, a la resta de plataformes no en pot veure cap de les dues.

Luk Internacional: La distribuïdora catalana que al seu catàleg té gran part de l'anime que s'ha emès per TV3, com Doraemon i Shin Chan, fa unes setmanes va arribar a un acord amb PlutoTV per fer un canal d'anime que només estarà disponible en castellà. Els usuaris de PlutoTV no podran veure el nou canal d'animació en català tot i que tot el contingut ja està doblat al català. També tenen contingut a altres plataformes, com per exemple Doraemon a HBO, però ja sabem que HBO només vol contingut en versió original, anglès i castellà. Però són una distribuïdora catalana, coneixen millor que ningú la situació del català i han treballat molts anys amb TV3. No els hauria de costar tant ser lingüísticament responsables.
La veritat, m'hauria agradat rebre una resposta de Luk i saber per què no utilitzen el català amb els acords amb les plataformes d'streaming, però no ha pogut ser.

Minoria Absoluta: La productora del Polònia és també la distribuïdora de Descalç sobre la terra vermella, minisèrie que a Filmin ha estat sempre en català, però que al Prime Video no, fins fa poc la minisèrie només estava disponible en castellà, però els darrers dies la versió en català s'ha afegit al menú d'idiomes de la minisèrie. Celebrem aquest past de Minoria Absoluta i esperem que altres distribuïdores segueixin els seus passos.

Rita&Luca Films: La petita plataforma catalana de contingut infantil em va agrair la feina que estava fent preguntant a plataformes i distribuïdores per la falta de català a les plataformes de streaming. Em van explicar que ells no tenen l'exclusivitat del seu contingut ni els drets televisius i que només treballen amb Filmin i Rakuten, les altres plataformes que tenen contingut del seu catàleg l'han comprat a altres distribuïdores.

Em van explicar que sempre faciliten les versions en català, tant a Rakuten com a Filmin. Per això a Filmin es poden trobar totes les seves pel·lícules en català i a Rakuten pràcticament totes. El cas de Rakuten em van dir que es pensaven que tot estava en català i que preguntarien per què no és així i mirarien de posar-hi remei. Però malauradament el seu contingut no està disponible en català Prime Video, Movistar+, Apple TV i Play Store, aquestes plataformes ho han comprat a través d'altres distribuïdores, una llàstima.

Selecta Visión: L'última distribuïdora catalana amb la qual he intentat contactar. Selecta Visión té un gran catàleg d'anime, on podem trobar títols clàssics com Akira o les pel·lícules de Ghost in the Shell, pel·lícules que estan doblades al català, però a Filmin només estan en castellà i versió original. També títols més nous com La noia que saltava a través del temps una pel·lícula que a Filmin està en català, però a Rakuten i

Movistar+ no. O sèries clàssiques que s'han fet per TV3 i actualment només es poden trobar en castellà a Prime Video: és el cas de la sèrie YuYu Hakusho, tota la sèrie està doblada al català i es va emetre per TV3, però a la plataforma d'Amazon només es pot trobar la versió en castellà i japonès.

Ha sigut l'última distribuïdora en respondre, tot i que a ells els vaig enviar el correu fa un mes, dels primers correus que vaig enviar. Durant aquest mes m'han enviat dos correus dient-me que em respondrien al més aviat possible, que s'ho estaven mirant bé per resoldre tots els meus dubtes i també que estaven molt ocupats amb la promoció de la pel·lícula Kimetsu als cinemes. Bé, al final va ser una resposta bastant neutra, molt per sota de les expectatives (per temps i correus previs). Em van agrair la faena que estava fent, em van dir que tenen contingut en català a diverses plataformes i que estan treballant per poder incloure el català i les llengües autonòmiques al màxim de plataformes possibles. Però no sé per què actualment hi ha contingut seu sense versió en català, ni tan sols dels exemples que vaig posar ni casos pels quals vaig preguntar, perquè no m'ho van explicar.

Però, almenys han respost i m'han dit que treballen per incloure el català a les plataformes, cosa que no poden dir totes les distribuïdores catalanes. També em van agrair la faena que estem fent la gent que demana versions en català, perquè gràcies a això cada cop més plataformes s'estan interessant a incloure els doblatges en català.

Un cop parlat de les distribuïdores catalanes amb qui he parlat (o intentat), començo a parlar de la resta i començaré parlant de la distribuïdora espanyola, Arait Multimedia.

117

Arait Multimedia: Una de les dues distribuïdores no catalana que m'han respost, i van ser bastant ràpids. Com a totes les distribuïdores, vaig preguntar-los-hi per què els seus productes no es poden trobar en català a les plataformes, em van respondre que ells voldrien vendre les versions en català, com fan amb les versions espanyoles, per treure el màxim rendiment econòmic als seus productes, però que si les plataformes no les volen comprar, ells no ho poden vendre. Actualment, del seu catàleg, s'estan afegint capítols del Detectiu Conan al Prime Video, però només la versió en castellà, ni rastre del català.

Disney: Igual que els agents d'atenció al client de Disney+ Espanya, la gent de Disney Espanya tampoc m'ha respost, però sí des de Disney EMEA (Europe, Middle East, and Africa). Els vaig preguntar per què a les plataformes amb les quals treballen, com a distribuïdora, no hi ha cap pel·lícula seva en català (o com a molt dos), també vaig insistir en el cas concret de Disney+.

La persona de Disney EMEA que va contactar amb mi em va respondre en català (utilitzant el traductor de Google). Em va explicar que l'estratègia de Disney varia segons el país, en funció de la dinàmica de cada territori. Diuen que es basen en el que creuen que és millor per satisfer la demanda dels consumidors del país en concret. La seva resposta no em va agradar gens ni mica, i vaig respondre el seu correu dient que no podia entendre com no podien considerar important una llengua que parlen més de 10 milions de persones i que seguia sense entendre per què el seu contingut en català no es pot veure a cap lloc, quan existeix i està pagat amb diners públics, i que tot això era molt frustrant. L'agent se'm va disculpar per la situació i em va dir que treballen cada dia per millorar i que tothom es pogués sentir bé amb els seus productes. Vaig afegir-hi que si haguessin facilitat les versions en català a la seva plataforma i a les plataformes clients, ara no haurien d'intentar millorar res, perquè ja estaria tot bé.

Dreamworks: La productora de pel·lícules d'animació de la Universal té una gran quantitat de pel·lícules doblades al català, però no es poden veure enlloc. El nadó en cap, The road to El Dorado, El Príncep d'Egipte, totes les de Shrek són alguns dels exemples dels títols doblats al català, però que no podem gaudir a cap plataforma de streaming.

Eone: És la productora de diversos títols, entre ells alguns d'infantils, molt coneguts, i traduïts al català com la Peppa Pig, sèrie de gran èxit entre els més petits que s'ha doblat al català, però, com de costum, la versió catalana no es pot veure a cap plataforma. Un agent em va respondre al meu missatge demanant que facilités algun exemple, al moment vaig donar l'exemple de Peppa Pig, ja ha passat un mes i no sé res més d'ells.

Karma Films: És una petita distribuïdora espanyola, que té diversos títols doblats al català a les plataformes Filmin i Rakuten, però també té títols que tenen versió en català, però a les plataformes només estan les versions en castellà, és el cas de les pel·lícules irlandeses d'animació La cançó del Mar i El Secret del Llibre de Kells, dues pel·lícules infantils doblades al català, i que en format físic, estan disponibles en català, però cap plataforma té les versions en català, ni Filmin ni Rakuten.

Paramount: la multinacional estatunidenca, productora de grans pel·lícules doblades al català, com The Godfather o Forrest Gump, té molt poques versions en català disponibles a les plataformes. De fet, la trilogia d'El Padrí i Forrest Gump van ser doblades al català, però és impossible de trobar-les a les plataformes i en format físic.

Sony: És la productora i distribuïdora de pel·lícules com Els Àngels de Charlie i pel·lícules d'animació com la Trilogia Hotel Transsilvània. Però a les plataformes és molt difícil trobar títols seus en català, per exemple Els Àngels de Charlie està a Rakuten, Apple TV, PlayStore i Microsoft Store, però cap ofereix la versió en català. Passa el mateix amb la trilogia Hotel Transsilvània, està disponible a Netflix (les dues primeres), Prime Vide (només la tercera part), Rakuten, AppleTV, PlayStore i Microsoft Store, cap ofereix la versió en català.

Sony normalment dobla al català les seves pel·lícules d'animació, però després costa molt trobar les versions en català a les plataformes. Les últimes setmanes hem pogut veure l'estrena en català a Netflix de la seva última pel·lícula d'animació Els Mitchell contra les màquines. Esperem poder veure més títols de Sony en català a les plataformes. Que les pel·lícules ja doblades al català, s'afegeixin a les plataformes i que les noves pel·lícules que produeixin també es doblin al català.

Universal: A part de ser la propietària de Dreamworks, també és la productora de grans clàssics doblats al català, com moltes de les pel·lícules d'Alfred Hitchcock, però cap llargmetratge d'Alfred Hitchcock es pot veure en català a les plataformes, de fet, ni Filmin les té en català.

Wanda: La petita productora espanyola no té un gran catàleg disponible en català, però per exemple, si té la pel·lícula d'animació del Petit Príncep. Una producció francesa que a Filmin està disponible en català però a PlayStore no.

Warner Bros: L'última distribuïdora i productora amb què vaig intentar parlar. És propietària de grans èxits que es poden veure a pràcticament totes les plataformes, però, com amb la resta de multinacionals, poques pel·lícules seves es poden veure en català. Fins fa poc les pel·lícules de El Senyor dels Anells no es poden veure en català a cap plataforma, des de fa uns dies les pel·lícules El Senyor dels Anells: Les dues torres i El Senyor dels Anells: El retorn del rei es poden veure en català a Rakuten i en 4K. Però la primera part d'El Hòbbit no es pot veure en català a cap plataforma. I la saga de Harry Potter només està disponible la versió en català a Prime Video (però a la descripció no ho diu).

I fins aquí la recopilació de respostes de plataformes de streaming i distribuïdores, per saber què passa amb el contingut audiovisual en català a internet. Espero que us hagi servit per conèixer més la situació del català a les plataformes de streaming i que us vulgueu sumar a les iniciatives i campanyes que reclamen la incorporació de les versions en català a les plataformes. He anat posant alguns exemples per ajudar a entendre la situació. En concret, m'he volgut centrar més en el contingut infantil perquè crec que és el més necessari, perquè si des de ben petits no podem consumir contingut en català, de gran costa més consumir-ne perquè els humans som animals de costums. A més a més, amb les versions en català es facilita la familiarització del català a grans i petits i ens pot ajudar a ampliar vocabulari i la facilitat de conversació.

També, per entendre més la situació del català i completar aquest "estudi", per dir-ho d'alguna manera, vaig contactar amb la Corporació Catalana de Mitjans Audiovisuals (CCMA) per saber si d'alguna manera faciliten els doblatges que han fet ells a les plataformes i per preguntar per què la primera temporada de Cites, només estava en castellà a Prime Video, al llarg d'aquesta setmana s'ha afegit l'àudio en català. Em van dir que col·laboren amb plataformes, distribuïdores i televisions que sol·liciten les versions en català i que cedeixen les versions en català doblades per ells, sempre que els sol·licitants demostrin estar en possessió dels drets d'exhibició. PERÒ, també em van dir, que, tot i això, a qui correspon establir acords amb les plataformes, per fomentar la llengua catalana, és al Govern.
Així que també vaig contactar amb la Direcció General de Política Lingüística, a través del formulari web i amb els perfils de xarxes socials la Direcció General de Política Lingüística, Cinema i el Departament de Cultura.

Des de la Direcció General de Política Lingüística em van respondre el correu i Cinema el missatge del Facebook, tots dos missatges deien el mateix. Em van explicar les ajudes que donen des del 2015, per facilitar la incorporació dels doblatges i subtítols a les plataformes digitals i també pel format físic (DVD i BR), em van explicar que el contingut que ajuden a doblar és propietat de la distribuïdora i que les línies d'ajuts que donen pel doblatge i subtitulació al català es van adaptant als canvis tecnològics. Però, que pel que fa al contingut doblat i produït per la CCMA, em van dir "Podeu adreçar les qüestions relacionades amb sèries produïdes per la Corporació Catalana de Mitjans Audiovisuals a la mateixa Corporació".

És a dir, si preguntava a la CCMA per la falta dels seus doblatges i versions en català de les seves produccions em diu que qui negocia amb les plataformes per fomentar el català, és el govern, però si pregunto al govern, per això, qui ho ha de fer és la CCMA.

Així que vaig tornar a contactar amb totes dues parts, explicant la resposta de l'altra part i demanant que m'ho expliquessin. Només m'ha contestat la CCMA. Em van enviar un primer correu preguntant-me des de quin departament o direcció em van donar la informació, els vaig explicar i passar una còpia de pantalla. L'endemà em van tornar a respondre. Em van dir que quan ells adquireixen contingut per emetre'l, l'han de doblar, i aquest doblatge està a disposició de qualsevol televisió o plataforma que el vulgui, sense cap cost. Pel que fa a les produccions de TV3 (pel·lícules i sèries), em van donar una resposta similar a les distribuïdores privades, diuen que incideixen en el valor de la versió en català, però que correspon a les plataformes decidir quina versió d'àudio ofereixen, que ells no els poden obligar.

Són una televisió pública, no té cap necessitat de vendre el seu contingut a les plataformes si no accepten la versió en català. No són una empresa privada, que ha d'aconseguir el màxim rendiment econòmic, és una empresa pública, ha d'anar a aconseguir el màxim benefici social i, en aquest cas, el màxim benefici lingüístic. Que de fet per això es va fundar, per normalitzar el català, ara mateix la normalització del català implica introduir el català a les plataformes de streaming i aconseguir que els infants i joves consumeixin contingut en català, a través de les plataformes d'streaming i d'un canal de televisió infantil/juvenil. El que necessitem és contingut en català que agradi al públic, no un director que diu imbècils a qui vol recuperar contingut juvenil de qualitat en català.

Necessitem que el govern treballi, negociï, i si cal, ajudar econòmicament a les distribuïdores, productores i plataformes de streaming per aconseguir incorporar el contingut en català ja existeix i que el nou contingut es dobli, no només les pel·lícules que s'han de projectar al cinema, també les pel·lícules i sèries que s'estrenen a les plataformes.
Cada cop és més difícil consumir contingut audiovisual en català, això ajuda al fet que cada cop menys infants i joves utilitzin el català com a llengua habitual. Som a temps de canviar-ho i TV3 i el Govern són qui ha de treballar per aconseguir aquest canvi.

Però si a l'estat espanyol és difícil consumir audiovisual en català, imagineu-vos a l'estat francès o Itàlia. Mentre a l'estat espanyol les plataformes ens permeten veure contingut en danès, hongarès o búlgar, les mateixes plataformes no permeten veure contingut en català fora de l'estat espanyol, ni a França, ni a Itàlia ni a cap altre estat Europeu. Però, per sort, hi ha una manera per poder veure el poc contingut en català que té Netflix fora de l'estat espanyol.

Per què els doblatges de TV3 no arriben a les plataformes?
Publicat el 29 de juny de 2021 al blog Pos això i allò, Desdelsofà.cat i RacóCatalà

Últimament, han aparegut noves versions en català a les plataformes de streaming, en la majoria de casos són pel·lícules que ja formaven part del catàleg de la plataforma, però no estava disponible la versió en català. Com és el cas de Disney+, que en els darrers 20 dies han penjat les versions en català de 20 pel·lícules, entre elles el primer doblatge en català que va fer Disney, 'El geperut de Notre-Dame' i d'altres més noves com 'Onward'.

Amb les noves versions en català incorporades aquests últims dies, el llistat de versions en català a les principals plataformes queda de la següent manera: FilminCAT: 824 (767 pel·lícules 31 sèries 26 curts); Rakuten TV: 177 pel·lícules; Prime Video: 90 (74 pel·lícules 16 sèries); Movistar+: 45 (44 pel·lícules 1 sèrie); Disney+: 25 (24 pel·lícules 1 curt), Netflix: 12,5 (8,5 pel·lícules 4 sèries) i HBO: 0,5 sèries-documental.

Els casos que veieu decimals no és perquè ofereixin mitja pel·lícula o la meitat de la sèrie, és perquè és contingut bilingüe que venen com a contingut en català.

Poden parèixer bons número, però tenint en compte que les plataformes tenen entre 2000 i 10000 títols, són números marginals. Per exemple, Netflix té al seu catàleg més de 300 títols doblats al català o que la versió original és en català, només n'ofereix 13. Un 0,5% del seu catàleg. L'exemple de Netflix serveix per a totes les plataformes menys Filmin, la situació del català a totes les plataformes és molt semblant, per desgràcia.

Però, les institucions podrien fer molt més del que fan, en especial TV3. Si mirem els títols que estan en català a les plataformes, pràcticament tot són pel·lícules doblades per als cinemes i sèries produïdes per TV3, contingut doblat per TV3 és pràcticament impossibles trobar-lo a les plataformes, tot i que totes les plataformes tenen un bon ventall de títols doblats i emesos per TV3 i que TV3 dóna gratuïtament els doblatges catalans. Per exemple, "The Last Kingdom" o "Breaking Bad" a Netflix, "Detectiu Conan" i "YuYu Hakusho" a Prime Video o molts dels clàssics de Filmin.

Però, si TV3 dona gratuïtament els seus doblatges, per què no els podem trobar a les plataformes? Fàcil, perquè la política lingüística de TV3, no és proactiva. TV3 espera que les plataformes després de comprar els drets a les distribuïdores i que elles enviïn el contingut amb els idiomes acordats, les plataformes truquin a la porta de TV3 per demanar la versió en català, versió que en molts casos la plataforma no sap que existeix. Per això no trobem versions en català a les plataformes, les plataformes fiquen els idiomes que la productora/distribuïdora facilita, no aniran a buscar a un tercer per tenir una nova llengua, lògicament, són empreses privades, van pel màxim benefici amb el mínim esforç, qui ha d'anar pel màxim benefici lingüístic és la televisió pública catalana i les institucions catalanes.

Per això és molt important que TV3 després d'emetre una pel·lícula o sèrie enviï la versió en català a les distribuïdores i productores, per poder afegir la versió catalana als futurs acords amb les plataformes o a les noves edicions en format físic. I pels títols que ja estan al catàleg d'alguna plataforma, se'ls ha de fer arribar la versió en català.

De veritat Vicent Sanchis creu que una empresa estatunidenca anirà a les portes de TV3 per demanar la versió en català d'una pel·lícula? O és una excusa per treballar menys? Si realment pretén que una multinacional estatunidenca picarà a la porta de TV3 per demanar una versió en català, és tenir pretensions idiotes, això sí que són pretensions idiotes i no voler recuperar un espai juvenil per promoure el català entre els joves i infants.

L'estafa de Prime Video amb el català

Publicat el 6 de juliol de 2021 al blog Pos això i allò, Desdelsofà.cat i RacóCatalà

Realment és difícil saber d'una forma oficial quants títols hi ha exactament a Prime Video, ja que la plataforma de streaming d'Amazon no permet filtrar per idiomes, i, a més a més, té pel·lícules mal etiquetades a la descripció on no surt indicat que està disponible la versió en català, però realment si ho està. Però gràcies a l'usuari de Twitter @fabrebatalla18, podem saber quants títols (teòricament) hi ha en català al Prime Video. Va crear un filtre per poder trobar el contingut en català del Prime Video, incloent-hi les pel·lícules que la descripció no indica que està disponible la versió catalana.

Gràcies a aquest filtre sabem que, teòricament, hi ha 91 títols en català al Prime Video. 16 sèries produïdes o coproduïdes per TV3 i 75 pel·lícules doblades al català per als cinemes per TV3.

Poden parèixer bons números si tenim en compte que és la tercera plataforma amb més versions en català i que té el doble de versions en català que Movistar+, la quarta plataforma amb més català al catàleg. En realitat són uns números marginals.
Però, la resposta a la pregunta "Realment Prime Video té 91 títols en català?" és NO. Prime Video no té 91 títols en català a la plataforma. Ho he comprovat i dels 91 títols, 19 pel·lícules que teòricament tenen disponible el doblatge català, quan seleccioneu la versió d'àudio en català es reprodueix la versió castellana, la versió original o una versió sense diàlegs.

Les 19 pel·lícules són 'El soldado de Dios', 'Jugada salvaje', 'Cuenta pendiente', 'Desaparecido en Venice Beach', 'Alerta roja", "10 minutos menos" "Atrapada en las profundidades", "La Ola", "El túnel', 'La Princesa y su Dragón: Una historia interminable', 'La Cenicienta y el príncipe secreto', 'Terminal', 'Survivor', 'Dulce Venganza', 'Nightcrawler', 'The Burning Plain", 'The Road', 'Vikingos', 'The Bad Son'. D'aquestes 19 pel·lícules, segons els portals web de les bases de dades de cinema de la Generalitat de Catalunya i la base de dades de la CCMA, només 4 han estat doblades al català ('The Burning Plain', 'The Road', 'Vikingos', 'The Bad Son') i una ha estat subtitulada al català ('Nightcrawler'). Per cert, els títols de les pel·lícules estan en castellà o anglès i no en català, perquè és l'única manera de trobar les pel·lícules al Prime Video.

Entre les 4 que si s'han doblat trobem l'única pel·lícula que si reproduïm la versió en català, els diàlegs no se senten. La pel·lícula 'The Bad Son' la va doblar l'any passat TV3, però la pista d'àudio de Prime Video és tan defectuosa que els sorolls de fons de la pel·lícula es poden sentir però els diàlegs, no. Les altres 3 van ser doblades pel servei català del doblatge o per la Direcció General de Llengua.

És a dir, dels 91 títols catalans que teòricament hi ha a Prime Video, només n'hi ha 72. Tant de bo hi hagués 72 títols, en realitat són 70, ja que les pel·lícules 'La rubia del bar' i 'Puta Miseria' estan repetides perquè es poden veure amb la subscripció normal de Prime Video i també, a part, amb el canal FlixOlé de Prime Video. És a dir, en realitat hi ha 70 títols dels quals 13 són de pagament.
Les 7 pel·lícules disponibles en català de la saga de Harry Potter (totes menys la primera) i la nova pel·lícula de Tom i Jerry s'han de llogar o comprar. També hi ha 5 pel·lícules que per poder-les veure has d'estar subscrit a un canal secundari de

Prime Video. Al canal de FlixOlé hi ha 3 pel·lícules (sense comptar les 2 que també es poden veure amb la subscripció normal) i al canal MUBI hi ha 2 pel·lícules més.

És a dir, en realitat Prime Video té 16 sèries i 49 pel·lícules en català, de les quals 8 són de pagament. A més a més, té 5 disponibles als canals secundaris (s'ha de pagar una mensualitat extra). La resta o està repetit o realment no té la versió en català disponible.

Però bé, que podem esperar d'una plataforma que té molt contingut doblat per TV3 i que no és capaç de demanar la versió en català a la televisió pública, tot i ser gratuïta, i de la plataforma que a l'idioma de la interfície diferencia entre el portuguès de Portugal i el del Brasil, però no és capaç de tenir la interfície en català?

On puc trobar contingut infantil en català?

Publicat el 13 de juliol de 2021 al blog Pos això i allò, Desdelsofà.cat i RacóCatalà

Tot i els avenços tecnològics actuals, sobretot en el món de l'audiovisual i en concret en la distribució de contingut audiovisual, cada cop és més difícil trobar contingut infantil i de qualitat. Fa dotze anys podies obrir la televisió i sabies que trobaries contingut audiovisual en català, actualment no és així, la televisió ha passat a un segon pla i les televisions públiques en català no s'han sabut (o no s'han volgut) modernitzar i han abandonat tota una generació de nens i joves, els ha deixat en mans de les plataformes de streaming que, com empresa privada que són, no tenen gens d'interès a fer una funció pública, com la que hauria de fer TV3, À Punt o IB3 en la difusió de la llengua entre els més petits. Només pensen a guanyar diners i en fer el menys possible. Amb això vull dir, que si per tenir contingut en català primer han d'adquirir el contingut a la distribuïdora i després han d'anar a TV3, À Punt o IB3 a demanar la versió en català, no ho faran, en molts casos no saben que existeix la versió en català i si ho saben difícilment es mouran dues vegades pel mateix contingut. Per això les televisions públiques han d'enviar els seus doblatges a les distribuïdores, productores i les plataformes que ofereixen el contingut doblat per ells un cop han emès el capítol o pel·lícula.

Però tot i la nefasta situació del català a les plataformes, en concret del contingut infantil, us porto un recull de contingut per entretenir als més petits de la casa en català. Els títols van des de 'Les tres Bessones' fins a 'Bola de Dra'c, passant pel 'Detectiu Conan' o 'Floquet de neu'. La gran majoria del contingut que podem trobar a les plataformes privades són pel·lícules, en part pel que comentàvem al principi, la gran majoria de doblatges de sèries en català les tenen les televisions públiques i no les distribuïdores o plataformes, això ha de canviar.

Podem trobar contingut en català a les plataformes Filmin, Rakuten, Disney+, Movistar+, Prime Video i Netflix, però també a la web i l'app del Club Super 3 (TV3), La Colla (À Punt), Biblioteques de Catalunya i al canal de Youtube d'IB3Júnior (IB3).

Ara parlarem de la situació a les diferents plataformes, primer parlaré de les públiques i després de les provades.

A la web i l'app del Club Super3 es poden veure més de 100 sèries i les pel·lícules infantils emeses durant aquella setmana. Trobareu sèries que encara s'emeten i d'altres que ja no. Però un dels grans problemes de la plataforma del Super3, és que per un tema de drets d'emissió i llicencies les pel·lícules només estan disponibles uns dies, igual que els capítols de les sèries externes, amb les sèries produïdes o coproduïdes per TV3 això no passa. A la plataforma del Club Super3 podem trobar sèries mítiques com '10+2', 'Les tres bessones' o 'Una mà de contes' fins al 'Detectiu Conan', 'Avatar: l'últim mestre de l'aire' o sèries de Dreamworks. També podem trobar jocs i material per aprendre angles, però no català.

A la web i l'app de La Colla també trobareu un bon ventall de contingut infantil en català, en varietat valenciana, lògicament. Amb els capítols i pel·lícules passar el mateix que amb el Super3, alguns només estan uns dies. A la plataforma de La Colla a més a més de trobar les sèries de Dreamoworks que ha doblat TV3, també podem trobar la sèrie 'Voltron', una sèrie de Dreamworks que només ha doblat al català A Punt. A més a més també podem trobar sèries com el 'Noddy, detectiu de joguets' o 'Dinotrux'. A la web de la colla també podeu trobar cançons i contes.

La televisió pública de les Illes, IB3 també té un espai per al contingut infantil, però en el seu cas no tenen web ni app, el poc contingut infantil en la varietat insular del català està al canal de Youtube d'IB3 Júnior. Al canal podem trobar 5 programes: 'Son Mai', 'L'hora del pati', 'Parlam, rallam, xerram', 'Rupert & Sam' i 'L'hora del conte'.

Per acabar les plataformes públiques, la plataforma de Biblioteques de Catalunya. A la web de Biblioteques de Catalunya podem trobar més de 3000 pel·lícules, de les quals només 521 estan en català. Però si mirem les pel·lícules infantils disponibles, els números encara són pitjors, de 153 pel·lícules infantils que tenen només 32 tenen la versió en català disponible, totes 32 també disponibles a Filmin. Uns números lamentables per una plataforma PÚBLICA. Si les plataformes que gestionen les administracions públiques no tenen un bon ventall de contingut en català com ho han de tenir les privades amb seu als Estats Units, Japó o Madrid? Si les plataformes públiques no demanen el doblatge de pel·lícules a TV3 com ho han de fer les provades? S'ha de predicar amb l'exemple, la nova consellera de cultura ha d'encarrilar la situació a les plataformes públiques catalanes.
Pel que fa a les plataformes privades, és pràcticament impossible trobar sèries infantils en català, la gran majoria del contingut són pel·lícules i el 100% en català central.

A FilminCAT, un cop més, la plataforma de referència pel que fa a contingut en català, inclús per davant d'algunes plataformes públiques. Si utilitzem els seus filtres, podem trobar 107 títols, 8 sèries i 99 pel·lícules, però en realitat són 9 sèries. A la descripció no ho diu, però la sèrie el 'Bandoler' també està en català, això si, en la versió en català falten els capítols 1, 2, 3 i 19. A Filmin hi ha contingut per a totes les edats i gustos. Des de la sèrie 'Poppets Town' a 'Tadeo Jones 2' i 'Astèrix a Amèrica'. Fora del filtre Infantil de Filmin podem trobar 112 pel·lícules d'animació on podem trobar pel·lícules que als infants de més de 7 anys poden agradar, com, les dues últimes pel·lícules del 'Detectiu Conan', 'Lupin III: The First' o 'Promare'.

A RakutenTV podem trobar més de 40 pel·lícules per entretenir la canalla, des de 'Zog' fins a 'Bola de Drac', passant pel 'Detectiu Conan', 'Floquet de neu', 'Soul' o 'Raya i l'últim drac'. Per cert, Rakuten té un apartat de pel·lícules gratuïtes on poden trobar dues pel·lícules infantils que podem veure sense pagar subscripció ni haver-les de llogar o comprar, són 'Floquet de neu' i 'Arthur i la Guerra dels mons'.

Pràcticament tot el contingut de Disney+ en català, són pel·lícules infantils. 29 pel·lícules infantils (totes menys 'Star Wars') i un curt. Podem trobar clàssic Disney com els '101 Dàlmates' o 'El geperut de Notre Dame' i èxits de Pixar com les dues pel·lícules d''Els Increïbles' i les dues últimes de 'Toy Story'. Tots els títols que podem trobar a Disney+ són pel·lícules de la seva propietat i doblat per cinemes, de moment no hi ha cap pel·lícula doblada per TV3 ni cap pel·lícula externa en català, ni 'Floquet de Neu', que la versió en català és la versió original i la resta de plataformes que la tenen si ofereixen la versió catalana.

A Movistar+, plataforma que té un acord amb Llengua només hi ha 10 pel·lícules infantils, i això que per l'acord que tenen Movistar+ i Llengua abans d'adquirir una pel·lícula Movistar+ pregunta a Llengua si aquell títol té la versió en català disponible. Movistar+ és l'única plataforma que actualment ofereix pel·lícules d'animació d'Universal i de la Warner Bros. Entre els títols destaquen 'Espies disfressats' de Disney, 'Gru, el meu dolent preferit' d'Illumination, 'Com ensinistrar un drac 2' i 'Trolls 2' de Dreamworks o 'Scooby' de la Warner Bros.

A Netflix només hi ha 6 títols en català, dues temporades de 'Sakura' i 5 pel·lícules, 4 de Sony Pictures ('La família Mitchell contra les màquines', 'Emoji' i 'Els Barrufets. El poble amagat' i Angry Birds') i una de Paramount Pictures ('Tadeu Jones 2: El secret del rei Mides').

Ja per acabar, al Prime Video, com a Netflix, només hi ha 6 títols, dues sèries de TV3 ('Les 3 bessones' i 'Dr W') i 4 pel·lícules ('Heidi', 'Tom i Jerry', 'One Pice: Estampida' i 'Promare'). 'Tom i Jerry' és de pagament.

Totes les plataformes podrien tenir moltes més pel·lícules si un bon ventall de sèries en català, però no ho ofereixen. Podrien ampliar el seu catàleg en català fàcilment i gratuïtament si demanessin les versions en català a les televisions públiques en català o les televisions públiques enviessin els doblatges directament, però només ells saben perquè no ho envien directament i s'esperen que ho demanin, potser és per treballar menys? Potser és per què s'han oblidat del servei públic que han d'oferir per la difusió del català? En qualsevol cas és urgent i necessari que les televisions i les institucions públiques es fiquin les piles amb les plataformes de streaming i les distribuïdores per fer arribar tot el contingut en català a totes les plataformes. El doblatge ja existeix i pagat amb diners públics, per què les institucions, televisions i empreses deixen que es perdin o podreixin els doblatges tancats a un calaix? És insultant!

L'Anime a TV3, de referent per promoure el català a marginal

Publicat el 20 de juliol de 2021 al blog Pos això i allò, Desdelsofà.cat i RacóCatalà

L'anime, l'animació japonesa, segurament és una de les coses que més ha ajudat la normalització lingüística del català amb l'emissió per TV3 de sèries com el 'Doraemon', 'Dr Slump', 'Sakura', 'Sailor Moon", o com no, "Bola de Drac", des dels anys 80 fins a principis d'aquest segle. De fet, la versió en català de 'One Piece' va arribar a ser la versió no japonesa amb més capítols doblats, record que encara manté 'El Detectiu Conan'. El català és l'idioma amb més minuts doblats de "El Detectiu Conan", a les 24 pel·lícules existents del Conan, i totes doblades al català, hem de sumar 879 capítols (segons la numeració japonesa, 934 segons la numeració catalana).

L'emissió de grans animes per TV3 no només va ajudar a normalitzar la llengua, també va provocar que la societat catalana conegui millor la societat japonesa i que a Catalunya es creés una gran comunitat de seguidors de l'animació japonesa. Però tot això pareix que a l'actual direcció de TV3 no li importa, com tampoc li importa la llengua catalana, des de fa uns quants anys s'han acabat els grans èxits japonesos a la televisió publica catalana, avui només aguanta 'El Detectiu Conan', i espero que per molts anys.

L'anime és una animació molt seguida pels joves catalans i una animació que atrau els infants, si no ofereixes contingut que agradi als infants i joves, els infants i joves buscaran el que els hi agrada a un altre lloc i si fa falta en un altre idioma, i gràcies a aquesta política envellida de TV3, cada dia menys infants i joves miren el contingut de TV3 a la televisió o web. Això està ajudant a la ràpida desaparició del català com a llengua habitual entre els joves i els infants.

Actualment on es pot veure tot aquest anime que va triomfa a TV3? A les plataformes de streaming, però com els doblatges són de TV3, i TV3 no sap que és ser proactiu, els doblatges catalans no arriben a les plataformes. Si quan Netflix va penjar la sèrie d''Evangelion', TV3 hagués enviat l'àudio en català, ara Netflix potser tindria una segona sèrie d'anime en català, si TV3 deixes a les distribuïdores moure les seves versions en català a les plataformes, ara Prime Video podria tenir 'YuYu Hakusho', 'El Detectiu Conan' o 'Death Note' en català, però no. TV3 no mou els seus doblatges i si una plataforma els vols ho ha de demanar a TV3, i no a la distribuïdora, per molt que ella tingui els doblatges i els hagi comercialitzat en format físic. Aquesta nefasta política de TV3 està evitant que molt contingut en català arribi a les plataformes, aquesta política irresponsable està ajudant a la marginació del català a l'entreteniment audiovisual. TV3 necessita una renovació de càrrecs i de política per acabar amb aquest despropòsit provocat per uns directius antiquats i dropos.

Però si tot i la inexistent oferta d'anime en català a les televisions públiques, voleu consumir anime en català, si o si, tenim uns quants títols en català repartits per les diferents plataformes, us porto una llista, breu, perquè no abunda l'anime en català a les plataformes.

Com sempre, com a totes les llistes de contingut en català, la numero 1 és, FilminCAT. Tenen 15 pel·lícules, alguns d'ells inclosos amb la subscripció, com: 'El Detectiu Conan: El cas Zero', 'Your Name', 'Buda 2: Camí a la il·luminació', 'El nen i la bèstia', 'El castell de Cagliostro', 'La noia que saltava a través del temps', 'The fake', 'El cas de la Hana i l'Alice', 'Ancien i el món màgic', les altres 6 són de pagament: 'Lupin III: The First', 'Promare', 'El Detectiu Conan: El puny de safir blau', 'Her Blue Sky', 'Mirai, la meva germana petita', 'Vull menjar-me el teu pàncrees'. Però tot i ser la numero 1, com sempre en podrien tenir més, com els clàssics 'Akira', les 2 de 'Ghost in the shell', 'La tomba de les lluernes' o la series 'Vickie, el víking'.

Amb l'anime, Rakuten només té un títol en català menys que Filmin, 14. A Rakuten podeu trobar títols que també estan a Filmin i d'altres que no. Els 14 títols són: 'El Detectiu Conan: Cas Zero', 'El Detectiu Conan: El puny de safir blau', 'Bola de Drac Super: Broly', 'L'amor és a l'aigua', 'El temps amb tu', 'Her Blue Sky', 'La Serp Blanca', 'Lupin III: The First', 'Mazinger Z Infinity', 'Mirai, la meva germana petita', 'One Piece Estampida', 'Promare', 'Vull menjar-me el teu pàncrees', 'Your Name'. Però Rakuten també té títols que Filmin té en català però ells no, com per exemple 'El cas de la Hana i l'Alice', 'Buda 2', 'El nen i la bèstia' o 'The fake'.

Si les 15 i 14 pel·lícules de Filmin i Rakuten us semblen poques, els números de la resta de plataformes... no sé què us semblarà.

Movistar+, una plataforma que té un acord amb la Generalitat per difondre el català i que abans d'adquirir una pel·lícula pregunten si existeix la versió en català, només té 3 pel·lícules en català 'Human Lost', 'L'amor és a l'aigua' i 'El temps amb tu'. Però en podrien tenir més, com per exemple 'AstroBoy' o 'La noia que saltava a través del temps'.

A la plataforma d'Amazon, Prime Video només hi ha dues pel·lícules, 'One Piece Estampida' i 'Promare', sí, només dues pel·lícules. Podrien tenir les pel·lícules 'El cas de la Hana i l'Alice', 'El nen i la bèstia', 'Buda 2', 'Ghost in the Shell', 'The fake' o les series 'Yuyu Hakusho', 'Death Note' i 'Detective Conan', però no ho tenen dues pel·lícules i cap sèrie.

I ja per acabar, per fi trobem la primera sèrie en català, l'únic títol en català de Netflix, 'Sakura, la caçadora de cartes', és l'única sèrie en català que podem trobar a les plataformes de streaming. Però si Netflix ha demanat la versió en català de 'Sakura' a TV3 per què no ha fet el mateix amb la sèrie d''Evangelion'? Per què les altres plataformes no han fet el mateix?

Hi ha plataformes que en podrien oferir molt anime en català, però no tenen res. És el cas de PlutoTV, que té un canal d'anime clàssic amb Luk Internacional on tot l'anime que surt s'ha doblat al català, però cap dels dos implicats ha volgut comercialitzar les versions en català i no donen explicacions.
També és el vas de Crunchyroll, la plataforma de streaming especialitzada en anime no té ni un sol minut en català. De fet, he donat una ullada ràpida al seu catàleg i en menys de 10 minuts he vist 40 títols (entre sèries i pel·lícules) que tenen versió en català, però no les ofereixen. Entre les més de 40 títols hi ha sèries que han triomfat a TV3 com per exemple 'Inuyasha', 'El Detectiu Conan' o 'One Piece'. De fet, fa una setmana va sortir una polèmica a Twitter per l'anunci en castellà de la plataforma. L'anunci era de 'One Piece' en castellà a la televisió publica catalana, abans de l'emissió de 'El Detectiu Conan'. Partint de la base que trobo inacceptable que la televisió publica catalana accepti anuncis en castellà, han de

promoure el català, no guanyar diners. Encara és més greu anunciar en castellà una plataforma que et fa la competència amb els pocs joves que miren contingut en català a TV3, a més a més ho fa anunciant una sèrie que va triomfar a TV3, que ten més de 500 capítols doblats al català i que no ofereix cap, com tampoc ofereix ni un dels més dels 900 doblats d'"El Detectiu Conan'.

Pareix que l'actual direcció de TV3 liderada per Vicent Sanchis vulgui que els infants i joves deixem de consumir audiovisual en català, consumim audiovisual en castellà i així deixem d'aprendre vocabulari i a comunicar-mos en català i passem al castellà. Aquestes actituds de Vicent Sanchis l'únic que fan és afavorir el castellà i apunyalar la nostra llengua, com lo de tenir programes bilingües o produir pel·lícules que la VO és en castellà.

Fa uns dies vaig parlar amb Crunchyroll, en defensa seva puc dir que gràcies a la fantàstica gestió de la CCMA, no sabien que TV3 donen els seus doblatges gratuïtament. No ho sabien perquè no ho diuen enlloc, no tenen una llista pública amb tot el que han doblat ni com demanar-ho, no contacten amb les plataformes per oferir-ho, ni ho envien a les distribuïdores i productores si elles no ho demanen. Aquestes poques ganes de treballar l'únic que fan és aturar l'arribada del català a les plataformes i afavorir la pirateria en català. Quan els vaig donar tota la informació de TV3 em van dir que s'ho mirarien i parlaríem amb qui fes falta per intentar incorporar les versions en català, que ja ho havien parlat internament, però desconeixien que TV3 donava els seus doblatges, també desconeixien les subvencions de la Generalitat per subtitular i doblar. A veure si és veritat i en uns mesos comencen a arribar les VC i VOSC a Crunchyroll, i per tant, fan l'anunci del Super3 en català (segons elles és en castellà perquè no tenen contingut en català).

És veritat que si TV3, tingués una base de dades pública, ben feta i amb totes les sèries i pel·lícules que han doblat i TV3 informes sobre ella a les plataformes, o, si directament la CCMA enviés els doblatges a les plataformes, distribuïdores i productores, potser seria més fàcil trobar contingut en català. Però... Des del 2012 tenim les direccions de TV3 que tenim, direccions sense intenció de modernitzar-se ni treballar pel català, de fet, són direccions que menystenen el contingut juvenil i infantil, per això portem 10 anys on el contingut juvenil va desapareixent fins a mínims històrics, 10 anys on la qualitat del contingut infantil també disminueix. Per això el 3XL fa anys que no existeix, per això el Super3 ha deixat de ser el programa infantil de referència i ara té una audiència marginal.

Gràcies per res, Vicent Sanchis, si realment et preocupa la llengua, dimiteix, dimiteix abans que el Govern renovi la direcció, dirigint un mitjà petit potser ets molt bo, però al capdavant de TV3 has demostrat ser molt inútil i també molt amic dels teus amics.

Demanar a les plataformes privades el que no fan les institucions

Publicat el 27 de juliol de 2021 al blog Pos això i allò, Desdelsofà.cat i RacóCatalà

Al servei eBilbio de les Biblioteques de la Generalitat de Catalunya, a més a més d'un gran catàleg de llibres, revistes, diaris i documents, també hi ha un bon catàleg de pel·lícules.

A la web de Biblioteques de Catalunya podem veure 3046 pel·lícules, un fet que a priori hauria d'agradar als que volem consumir contingut audiovisual en català, en ser una plataforma pública s'entén que prioritzaran oferir un bon servei públic en català, abans d'oferir un extens catàleg sense sentit o un catàleg que els permeti competir amb les empreses privades i així tenir algun benefici. Doncs NO, no és així, perquè de les més de 3000 pel·lícules que ofereixen només 521 estan en català i la majoria ja disponibles al catàleg de Filmin.

Entre les 2525 pel·lícules que no tenen la versió en català disponible, n'hi ha que no s'han doblat al català, però també n'hi ha que sí. Com per exemple 'Frozen: El regne del gel', disponible en català en format físic i a Disney+ o 'Franklyn' doblada al català per comercialitzar en format físic i que actualment també està disponible en català a Rakuten. Si la plataforma privada japonesa pot tenir la versió en català per què la plataforma publica catalana, no?

En diverses ocasions han respost per Twitter justificant no tenir un catàleg en català més extens a través del mateix perfil de Biblioteques de Catalunya i personals, la justificació? La mateixa que les empreses privades, en el cas de les pel·lícules doblades que no ofereixen en català: la culpa és de les distribuïdores per no tenir o no oferir la versió en català.

Més enllà de qui és o no és la culpa, que això ara mateix, per mi no té importància, el que importa és que una plataforma pública no ofereix totes les versions en català que podria ni té un gran catàleg en català. De fet, si ho comparem amb Filmin, els números ja ens demostres que alguna cosa no va bé. FilminCat té 2212 pel·lícules de les quals 776 són en català. És a dir, FilminCat, amb 834 pel·lícules menys que Biblioteques de Catalunya al seu catàleg, tenen 255 pel·lícules més en català. I això que Filmin tampoc ofereix tots els doblatges en català que podria.

Al ser una plataforma pública hauria de prioritzar fer un bon servei públic en català, per tant, en cas que la distribuïdora amb la qual treballen no tingui versions en català poden canviar a una altra distribuïdora que sí que tingui pel·lícules doblades al català i tingui els doblatges disponibles, o demanar els doblatges a qui els tingui, una altra distribuïdora, a la productora o a les televisions públiques en català. Si ni la plataforma pública s'esforça a tenir les versions en català, demanant-les a un tercer, com volem que, per exemple Netflix demani a TV3 el doblatge de 'Breaking Bad' o Disney els episodis IV i V d"Star Wars'?

Tot això demostra que els darrers anys no s'han fet les coses del tot bé pel que fa a l'audiovisual en català, com el fet que hi hagi diverses bases de dades de pel·lícules doblades, però cap complerta i amb errors, el fet que TV3 no tingui un llistat de tot el que ha doblat i ho ofereixi a les plataformes de streaming d'una manera fàcil per agilitzar l'arribada de més contingut en català a les plataformes, o el fet que les pel·lícules que es doblen per al cinema no es vigilin els horaris i les sales de projecció, és que no es vigila ni que es projectin a tot el territori, com per exemple ha passat aquest cap de setmana amb "Space Jam: Noves llegendes", cap projecció a la província de Tarragona. Això no és normal, el nou govern té molta feina per arreglar tot això.

Però tornant a les pel·lícules en català a la plataforma de Biblioteques de Catalunya, crec que hauria de garantir que, com a mínim, el 50 % del contingut sigui en català i que la gran majoria del contingut infantil sigui en català, actualment de les 153 pel·lícules infantils que tenen al seu catàleg només 32 són en català.

Si una pel·lícula no té versió en català, crec, que no tenen per què oferir-la, són una institució publica catalana, no una empresa privada, han de vetllar per la difusió del català i els nostres drets lingüístics com a consumidors de contingut audiovisual, per això haurien de tenir totes les versions en català disponibles, hagin de demanar la versió en català a qui sigui, i a l'hora d'adquirir pel·lícules i arribar acords amb distribuïdores, han de prioritzar els títols que s'han doblat al català i les distribuïdores que tenen versions en català disponible o que les ha doblat una televisió pública (TV3, IB3 o À Punt) i, per tant, se'ls hi ha de demanar a elles el doblatge en català.

És que si ni tan sols una plataforma publica catalana amb seu a Barcelona s'esforça a oferir un gran catàleg de pel·lícules en català i oferir totes les versions en català existent del seu catàleg, com volem que ho faci una empresa amb seu al Japó, Estats Units o Madrid?

Doblatge en català per normalitzar el català

Publicat el 10 d'agost de 2021 a Desdelsofà.cat i RacóCatalà

Aquesta darrera setmana a Twitter hi ha hagut una espècie de "debat" entre la gent que defensa el doblatge i la subtitulació en català i la gent que prohibiria el doblatge, casualment aquesta gent només surt quan es parla de doblatge en català i no de doblatge castellà.

El doblatge en català és essencial per normalitzar la llengua, ja ho vam veure als anys 90 amb l'aparició de l'anime en català, veies fills i filles de pares castellanoparlants jugant a Bola de Drac en català, ara ja no, ara és just el contrari, veus fills i filles de catalanoparlants cantant la cançó de Doraemon en castellà. I tot i aquesta situació encara hi ha catalans que volen acabar amb el doblatge en català.

Volen que els catalans dominem més l'anglès, però no els importa si el català perd parlants pel camí, volen que no faltem al respecte a l'actuació verbal dels actors i actrius, volen que siguem la punta de la modernitat d'Europa i deixem d'utilitzar una imposició cinematogràfica que segons diuen alguns d'ells es va inventar la dictadura franquista. Deuen ser la mateixa classe de gent que diu que Churchill va dir "els feixistes de demà es diran a si mateixos antifeixistes", ni Churchill ho va dir, ni Franco va inventar el doblatge.

S'emmirallen a una suposada Europa (inventada) que no dobla res, consideren Espanya i Grècia endarreries al moment per doblar-ho tot, però no tenen en compte que la majoria dels països ho doblen tot, altres doblen el contingut infantil i altres fan servir doblatges d'altres països. Sempre anomenen Portugal i països nòrdics, com a països avançats que no doblen. Bé, sí que doblen, Portugal dobla tot el contingut infantil i part de la resta, el que no es dobla a Portugal, és cert, ho veuen en versió original subtitulada, però també ho veuen usant els doblatges brasilers. També solen anomenar països nòrdics, bé Dinamarca destina a l'audiovisual en danès 100 € per habitant mentre que Catalunya destina 31 € per habitant. De fet, cada cop més països doblen el contingut audiovisual per al cinema, televisió i per les plataformes de streaming. Fins i tot Netflix dobla contingut per als Estats Units. Com experiència personal, fa més d'un any que visc a Irlanda, he conegut gent que ha vist "La casa de papel", ningú l'ha vist en castellà (versió original), els irlandesos que l'han vist, ho han fet en anglès i els portuguesos i brasilers l'han vist en portuguès.

Defensen la prohibició del doblatge per aprendre altres idiomes (bé idiomes, anglès). Perquè la gent ha d'aprendre anglès a l'escola i al cinema, però el català només a l'escola. L'anglès, com altres idiomes s'aprenen estudiant a l'escola i a les acadèmies, però també practicant, parlant, llegint, mirant pel·lícules. Amb les pel·lícules soles, no, i menys subtitulat al teu idioma i no a l'idioma de la pel·lícula, al final el teu cervell s'acostuma a només llegir. Si realment fos tan fàcil aprendre idiomes, no creieu que la majoria d'actors de doblatge catalans sabrien japonès nivell natiu, ja?

Volen que es vegi tot en versió original subtitulada per no perdre l'actuació verbal de l'actor i no falta al respecte al seu treball. Suposo que el treball de la gent de fotografia, vestuari, escenari i postproducció no és important, com tampoc ho és el llenguatge no verbal dels actors. Amb els subtítols es modifica la imatge, a més a més en estar llegint et perds els detalls del vestuari, de la fotografia, dels escenaris i la comunicació no verbal dels actors. No falta més el respecte del treball de la pel·lícula això que el doblatge? No ho sé, no ho vull valorar, però crec que el que falta més al respecte és voler imposar el que tu vols i no deixar als altres tranquils que gaudeixin del cinema com vulguin, amb els subtítols i el doblatge es perden detalls i matisos, cert, però es perd més si mires qualsevol contingut en una llengua que no domines i no disposes de doblatge o subtítols. També troben estrany escoltar Lebron James parlant en català, però no troben estrany escoltar a Juli Cèsar parlant anglès en lloc de llatí o a Aquil·les parlant anglès i no grec antic.

Pel que fa a l'argument típic de "el doblatge el va inventar Franco", dir que no, no el va inventar Franco, no sé d'on s'ho treuen, però no, si fos així l'any 1933 no s'hagués doblat la primera pel·lícula al català, si fos així l'animació americana que va arribar entre els 50 i 70 a l'estat espanyol hagués arribat amb el castellà d'Espanya, no de Mèxic. Si ho hagués inventat ell, no seria una pràctica habitual a Europa des de fa dècades.
Però el més important de tot i que no tenen en compte, com volen que un infant que encara no sap llegir vegi dibuixos en VOS? Com volen que una persona amb dificultats de visió o cega pugui gaudir del cinema sense el doblatge?

Per què hi ha catalans amb llaços grocs i estelades al Twitter que els preocupa més que els infants, joves i adults aprenguin anglès i no català? No s'adonen que gràcies al doblatge i a l'audiovisual en general es pot aprendre molt vocabulari nou de la teva pròpia llengua i a millorar la comunicació verbal? El millor que li va passar al català van ser les sèries doblades de TV3 des dels anys 80 fins a principis d'aquest segle, el que hem de fer és recuperar-ho i no destruir-ho tot. El que hem de fer és doblar i subtitular el màxim de contingut possible i fer-lo arribar a les plataformes, cinemes i televisions.

Necessitem l'audiovisual, la música i els llibres per salvar el català, ensenyant-lo només a l'escola no l'ajudem. Ara mateix per un infant és molt fàcil pensar que el català només és una assignatura avorrida més de l'escola que un idioma útil per comunicar-se i divertir-se, perquè la gran majoria de sèries, pel·lícules i videojocs estan en castellà, sobretot a les plataformes, si volem tornar a sentir català de forma normalitzada entre els infants, necessitem donar-los material per jugar i cantar en català com fèiem fa 20 anys. Si volem que els nouvinguts a Catalunya aprenguin català els hem de donar eines audiovisuals per millorar el seu català fora de les classes i el treball. També, necessitem audiovisual en català per tota la gent que vol gaudir del cinema i les sèries en la seva llengua i no l'original, és una opció tant valida com els subtítols, respectem-nos entre tots perquè si no l'únic que fem és ficar més pals a les rodes del català, i ja té prou pals, millor treure'n que ficar-ne més. Volem que el català a Catalunya sigui com el gaèlic a Irlanda, una llengua que estudia tothom a l'escola, però només la parlen 80 mil persones? Si acabem amb el doblatge no farem de Catalunya la Dinamarca del sud, farem del català el gaèlic del sud.

S'han de canviar les bases de les subvencions del doblatge?
Publicat el 14 de setembre de 2021 a Desdelsofà.cat i RacóCatalà

La Generalitat de Catalunya té dues línies de subvencions diferents per doblar pel·lícules al català, una línia per cinemes i una altra per plataformes o format físic. Però tal com estan platejades ajuden a fer accessible a tothom els doblatges en català? La resposta és no!

Les bases de la subvenció són unes condicions de mínims, però molt mínims, que en alguns casos no es compleixen i no passa res. La subvenció per doblar pel·lícules per al cinema no té un cost màxim per hora, com si té la subvenció per format físic o plataformes, això pot portar que estudis o distribuïdores s'aprofitin sense un control exhaustiu de les institucions. A més a més, les bases demanen un mínim de 6 sales, sis sales de cinema en tot el territori català, sense un mínim de projeccions per setmana, ni una mida mínima de la sala, ni res d'això, ni tan sols un equilibri territorial. Per no demanar, no demana ni que la difusió de la versió en català tinguin els mateixos tempos que la difusió de la versió castellana.

L'última pel·lícula de Selecta Visión, 'Josee, el tigre i els peixos', és un clar exemple del mal que això fa al doblatge en català. La pel·lícula es va estrenar a molt poques sales, però el pitjor és que al cap d'una setmana és encara més difícil poder-la veure a la majoria de territoris de Catalunya, dic a la majoria perquè a Tarragona va ser impossible des del primer moment, per la manca d'equilibri territorial només es va fer una projecció en tota la província, i gràcies a la pressió dels clients, no gràcies a Selecta Visión, però això no és nou, sempre la gent de les Terres de l'Ebre ha de fer un llarg viatge amb el cotxe per poder anar al cinema en català, amb sort han d'anar fins a

Tarragona, però l'habitual és haver d'anar fins a Lleida o Barcelona, això no pot seguir així, les bases han d'assegurar un equilibri territorial mínim i un temps mínim a la cartellera, però en horaris decents, no val ficar pel·lícules infantils un dimecres d'octubre a les 3 de la tarda, com ha passat alguna vegada, ni val marginar les versions en català a les sales més petites del cinema, a horaris laborals o que ningú va al cinema. Les bases han de vetllar perquè tots els ciutadans de Catalunya tinguin la màxima facilitat per veure cinema en català, siguin de Barcelona, Tarragona, Figueres, Balaguer o Amposta. I fins ara, això no passa.

Les bases també han de vetllar per una difusió digna de les versions en català, no pot ser que sapiguem les sales de les versions en català 3 dies abans de l'estrena (i les sales en castellà deu dies abans), tampoc pot ser que el tràiler en català surti uns quants dies després del tràiler en castellà (i si surt) i per part de la distribuïdora o productora se'n faci una difusió mínima.

Però el pitjor de tot és que hi ha distribuïdores i productores que se salten les bases actuals tot i ser unes bases molt de mínims, i aquí no passa res. Les bases exigeixen fer la difusió en català a la CCMA, quants anuncies de pel·lícules heu vist a TV3 en castellà? Molts, i pareix que a la CCMA li és igual, perquè no té una mentalitat de servei públic, 'El nadó en cap' és l'últim exemple. Però, les bases també exigeixen la comercialització de la versió en català en format físic i digital, és a dir, a les plataformes de streaming, però això no sempre passa, des del 2020 aquest apartat es compleix una mica més, però no sempre, quantes pel·lícules de Dreamworks, WarneE, Disney o altres grans productores o petites distribuïdores estan a les plataformes sense la versió en català tot i l'exigència de les bases? Moltes, per exemple 'Raya i l'últim drac' o 'Jungle Cruise' a Prime Video, de fet 'Jungle Cruise' la podem veure en francès de França o Canadà però no en català, quines coses, no senyors de Disney i Amazon?

Les bases han de vetllar per una bona distribució de les versions en català a les sales i a les plataformes, com també han de vetllar per tenir un doblatge amb uns nivells de qualitat mínims i que un doblatge com el de la pel·lícula 'Penguin Highway' de Jonu Media no es torni a repetir.

25 anys de la Declaració Universal de Drets Lingüístics, 25 anys sense complir-se a l'audiovisual

Publicat el 28 de setembre de 2021 a Desdelsofà.cat i RacóCatalà

Fa 25 anys es va signar la Declaració Universal de Dret Lingüístic, una declaració que contínuament és vulnerada a l'estat espanyol. Els drets lingüístics de qui parla una llengua minoritzada de l'estat espanyol són contínuament vulnerats i menyspreats: a la sanitat, a l'educació, amb els cossos de seguretat de l'estat i de la GENERALITAT, però també a l'audiovisual.

De les més de 30 plataformes que donen servei a Catalunya només Filmin té un catàleg digne en català, més de 850 títols en català, però tampoc ofereixen totes les versions en català que podrien, tenen sèries i pel·lícules que han doblat les televisions públiques, però no ofereixen les versions en català. També falten títols que s'han doblat per cinema o format físic que no ofereixen i en alguns casos Rakuten, per exemple, sí que ofereixen. Tret de Filmin, cap altra plataforma, respecta els drets lingüístics dels catalanoparlants. La segona plataforma amb més contingut doblat al català és Rakuten, amb menys de 200 títols en català dels més de 6000 títols que tenen.

El tracte dels drets lingüístic per part de les altres plataformes és directament, insultant, la resta no arriben a 90 títols en català, ni a Prime Video, ni a Movistar+ i molt menys a Netflix, Disney+ i HBO. De fet, Disney+ té una producció catalana, produïda en català, i no l'ofereixen en català, fins aquest punt arriba el menyspreu de les plataformes a la nostra llengua, però, per sort Filmin i Rakuten sí que ofereixen "Floquet de neu" en català. De fet, Rakuten l'ofereix gratuïtament, sense necessitat d'estar subscrit ni pagar per llogar-la o comprar-la.

Però, en el fons, la culpa d'això no és únicament de les plataformes, cal tenir en compte que són empreses privades, la majoria multinacionals i amb seu a Madrid. Segurament per això Filmin i Rakuten que són les dues que tenen la seu a Barcelona són les dues que tracten millor la nostra llengua. Per canviar aquesta situació de vulneració dels nostres drets lingüístics necessitem una legislació ben feta, que tracti per igual totes les llengües de l'estat, i defensi les llengües minoritàries (tal com dicta la constitució), també necessitem que els clients deixem de ser passius i passem a ser actius. Les empreses també es mouran si els clients ens movem i demanem de forma activa les versions en català o ens donem de baixa per la falta de versions en català. A les empreses així quan els hi toques la butxaca es mouen més, ja sigui per complir les lleis, per tenir subvencions o per la pèrdua de clients.

30 anys de Bola de Drac Z, un llegat que s'està perdent

Publicat el 19 d'octubre de 2021 a Desdelsofà.cat i RacóCatalà

Aquest cap de setmana s'han complert 30 anys de la primera emissió de Bola de Drac Z en català, i per estrany que ens pugui semblar 30 anys després, va ser entesa per TV3.

L'any 91 va arribar a les televisions de Catalunya en fenomen de Bola de Drac Z, per continuar coneixent les aventures d'un dels nostres herois preferits, en Son Goku.

La saga de Bola de Drac Z ha marcat la infància i l'adolescència de la majoria de Catalunya i ho va fer en català. Tots recordem els insults en català de Vegeta, molts hem jugat a Bola de Drac al pati de l'escola i tothom, del nen/a de família més castellana fins al nen/a de família més catalanista ho fèiem en català, per què? Perquè jugàvem a simular el que havíem vist el dia abans a la televisió, i el que havíem vist era una sèrie en català. Actualment, això és impensable, molts es fiquen les mans al cap en veure que cada dia menys infants i joves utilitzen el català entre ells i en especial per jugar a l'hora del pati. És normal, ja no tenim grans referents en català com fa deu anys i molt menys com fa trenta anys. Quants no heu sentit nens cantant la cançó de Doraemon en castellà? Quants no heu sentit als nens que juguen a Bola de Drac dir "Onda vital"? Això fa quinze anys era impensable. Hem arribat a aquest Punt gràcies a la nefasta política lingüística dels darrers deu anys i a la inexistent preocupació per part de la CCMA d'atraure el públic infantil i juvenil a consumir audiovisual en català, des del tancament del 3XL, la pitjor decisió que ha pres la CCMA des de la seva fundació els joves catalans estan orfes de contingut en català i des de fa deu anys el nivell del Super3 és tan baix que no arriben ni al 0,5% d'audiència.

Les darreres direccions de TV3 i CCMA no s'han preocupat per normalitzar la llengua i ni donar contingut de qualitat en català als joves i infants i així estem, cada dia menys parlaments entre infants i joves, cada dia més infants veuen el català com una assignatura avorrida de l'escola, per què, per a ells, per un nen de 8 anys quin valor pot tenir una llengua que no li serveix per veure les seves sèries i pel·lícules preferides? De què li pot servir una llengua amb la qual no pot jugar als videojocs? De què li pot servir una llengua amb una presència precària a les plataformes de streaming i a les xarxes de streaming com YouTube o Twitch? (Que quedi clar que és una crítica a la falta d'oci infantil i juvenil en català, vist amb els ulls d'un nen/a que només escolta o utilitza el català a l'escola i potser a casa, en cap moment estic afirmant que el català no serveix de res, al contrari).

O TV3 i el Govern es fiquen de veritat en la defensa i divulgació del català o els governs que ens prometien convertir Catalunya en la Dinamarca del sud, no només, no ens faran ser la Dinamarca del sud, sinó que faran que el català el Gaèlic del Mediterrani.

Necessitem que TV3 es posi seriosament a normalitzar la llengua amb contingut de qualitat per joves i infants amb doblatges ben fets, amb estudis de doblatge seriosos i preus dignes. A més a més, els programes de TV3 han de deixar de ser programes bilingües, no es va fundar TV3 per ser la televisió bilingüe de Catalunya, per això ja està la televisió privada, 8TV. També, els mitjans públics catalans haurien de deixar de promoure les versions en castellà de pel·lícules i llibres que també estan en català i han de parar d'emetre anuncis en castellà. Són una televisió pública, han de normalitzar el català, si algú no vol doblar l'anunci al català, que s'anunciï a una televisió privada, però a TV3 no s'hauria d'anunciar.

30 anys després Bola de Drac Z, continua viva, hi ha la nova saga, Bola de Drac Súper, i es continuen produint pel·lícules. Per no tenir un programa juvenil amb Bola de Drac Súper estem perdent el llegat dels més de 30 anys de Bola de Drac en català, dels 30 anys de Bola de Drac Z. Necessitem que institucions i directius de la CCMA rectifiquin i arreglin aquests darrers 10 anys de despropòsits, aquests 10 anys de desert. Amb l'afegit que ara no tot és televisió, també hi ha les plataformes de streaming. Una competència per internet que podria ser una mica més catalana si TV3 facilités d'una manera més proactiva tots els doblatges que ha realitzat. No sabeu el mal que fa, veure sèries mítiques, com el Detectiu Conan, només en castellà a les plataformes de streaming o que la saga de Harry Potter no estigui completa en català a Apple TV i Prime Video perquè la primera pel·lícula la va doblar TV3.

En resum, i ja per acabar, fent referència al CD "Bed & Breakfast" d'Els Amics de les Arts, hem de tornar a volar "Per Mars i Muntanyes" i parar de deixar "Que la Merda se'ns Mengi".

Arriba HBO MAXim menyspreu pel català

Publicat el 2 de novembre de 2021 a Desdelsofà.cat i RacóCatalà

El dimarts passat va arribar a l'estat espanyol la nova marca de la plataforma HBO, HBO Max. Una de les principals millores que això suposa pels usuaris de la plataforma és que la limitació de dues pistes d'àudio per títol, s'acaben, a partir d'ara els títols a la plataforma estatunidenca podran tenir més pistes d'àudio, de fet ja hi ha contingut amb 7 pistes d'àudio.

Fins ara quan preguntaves a HBO perquè no hi havia contingut en català, deien que era perquè a la seva plataforma tenien una limitació de dues pistes d'àudio i que per això, a l'estat espanyol només treballaven en castellà, versió original i anglès, però des de fa una setmana aquesta limitació ja no existeix i continuem amb la mateixa quantitat de versions en català i versions originals subtitulades al català, ZERO. Zero versions en català de més de 400 que podrien haver-hi.

Si mirem el catàleg d'HBO Max, podrien haver-hi més de 400 títols en català doblats amb diners públics, ja sigui per cinema, format físic, altres plataformes o per la seva emissió a les televisions públiques de parla catalana. Entre aquests 400 títols destaquen Harry Potter, El Senyor dels Anells, Matrix i moltes sèries infantils que s'han emès en català, com la Peppa Pig.

Per coses així és per les que els partits polítics catalans i les institucions catalanes han de negociar i pactar una llei audiovisual que respecti i ajudi a difondre el català i la resta de llengües de l'estat. És vital per la nostra llengua ser present a les plataformes, és vital per difondre-la entre els infants i entre els joves, però també és vital per poder continuar consumint audiovisual en català al llarg de la nostra vida i continuar fent

159

un aprenentatge continu del català, nou vocabulari, nous dialectes, noves maneres de comunicar-se, l'audiovisual és vital per poder fer aquest aprenentatge. Però també per poder emocionar-mos amb la nostra llengua igual que ho pot fer un parlant de qualsevol altra llengua.

Blindar el català a la nova llei estat de l'audiovisual és vital, és vital per mantenir la llengua viva a internet i al cinema, és vital perquè si ignorem la llei espanyola i fem una catalana, segurament la catalana serà molt millor, amb unes quotes de català increïbles, però serà paper mullat perquè com que no som un estat, no tenim mecanismes per fer complir aquesta llei a les plataformes, distribuïdores i productores, faran cas de la llei estatal, com ja van dir que farien cas de la llei estatal quan es va aprovar la llei catalana del cinema. A més a més, seria una llei anul·lada pel Tribunal Constitucional.

S'ha de blindar el català, i per això s'ha de pactar bé i tancar-ho bé, no podem continuar amb 230 títols en català a Rakuten de més de 6000 que tenen, ni amb 39 a Disney+ de les de 150 que podrien ni 25 títols en català a Netflix de més de 300 que haurien de tenir. No pot ser, això s'ha d'acabar, i per això necessitem una llei que ens empari i que les institucions acompanyin i facilitin aquest procés per aconseguir que les plataformes, no només compleixin la llei, sinó que vagin més enllà i tractin millor el català.

Ñetflix, sis anys a l'estat espanyol, sis anys marginant el català

Publicat el 2 de novembre de 2021 a Desdelsofà.cat i RacóCatalà

El passat mes d'octubre Netflix va complir 6 anys a l'estat espanyol, sis anys després només tenim 25 títols en català.

Tot i que actualment és quan podem trobar més contingut en català de la història de Netflix, la xifra és ridícula i vergonyosa, només 25 títols en català, només el 0,5% del seu catàleg està disponible en català. Dels 25 títols, 19 disposen de subtítols i 16 tenen disponible la versió en català. De les 16 versions en català 10 són doblatges i 6 versions originals.

Si Netflix oferís en català tots els títols del seu catàleg, que ja estan disponibles en català, les dades millorarien molt, la presència del català passaria de 25 títols a més de 300 títols en català. Entre els títols que Netflix no ofereix en català podem trobar molts títols doblats per cinema, com Jurassic World, però també molts que s'han emès per TV3, per Super3 i pel desaparegut 3XL, com per exemple un dels primers èxits que va tenir Netflix, Breaking Bad, vam poder gaudir de la sèrie estatunidenca en català abans del seu gran bum de la mà de Netflix, però també hi ha altres com The Last Kingdom, Evangelion, Avatar (la sèrie de Nickelodeon).

És una falta de respecte cap a la nostra llengua i als seus clients ignorar així el català i una irresponsabilitat molt gran per part de Netflix, ignorar més de 300 versions en català, és insultant. Són doblatges i subtítols que s'han pagat amb diners públics, ja siguin perquè els ha pagat el Govern amb les subvencions de Política Lingüística o perquè els ha pagat TV3 per emetre-ho.

La majoria de les versions en català són gratuïtes, només cal demanar-les o acceptar-les.

Com hem dit en més d'un article, TV3 dona gratuïtament els seus doblatges gratuïtament si tens els drets d'exhibició, només cal demanar-ho. És cert que si TV3 enviés els doblatges a les productores, distribuïdores i plataformes un cop s'ha emès seria més fàcil tenir més contingut en català a les plataformes, però també és veritat que no sempre passaria. Quan vaig parlar amb Netflix em van dir que si no tenen més versions en català, és culpa de les productores, per no remetre les versions en català, que ells si tenen la versió en català des del primer moment, la publiquen sense problema, però això és el que diuen ells, però no és veritat. S'han donat casos en què Netflix no ha volgut sentir a parlar de la versió en català o casos que Netflix té la versió en català, però no està disponible a la plataforma perquè li és igual la nostra llengua, no els importa acontentar als 10 milions de catalanoparlants, no els importa que la constitució digui que les llengües cooficials s'han de protegir i difondre, i és normal que ignorin l'article 3 de la Constitució espanyola, cap govern espanyol l'ha complert i respectat, per què ho hauria de fer una empresa dels Estats Units?

Aquests números, 25 títols en català de més de 300 que podrien, demostren que necessiten una llei estatal audiovisual que defensi el català, basc i gallec a les plataformes de streaming, que potenciï els doblatges, subtítols i produccions en aquestes llengües a les plataformes, televisions, sales de cinema i format físic. Però amb això no ho arreglarem del tot, també necessitem que les plataformes indiquin correctament els idiomes disponibles a cada títol, necessitem que permetin configurar l'idioma de reproducció per defecte i que el català estigui a la llista, com fa Rakuten, no com fa Netflix, que a la llista d'idiomes per defecte no està el català.

Quan la plataforma de Disney va arribar a l'estat espanyol no oferia cap títol en català, tot i tenir molts títols doblats al seu catàleg, sent la gran majoria producció pròpia, per tant, ells mateixos són propietaris dels doblatges.

L'octubre del 2020 Disney+ va incorporar les versions en català de les pel·lícules 'Frozen 2' i 'Espies Disfressats', de la Fox (propietat de Disney des de l'any 2019), però les versions en català d'aquestes dues pel·lícules no sortia al menú d'idiomes com la resta de llengües, havies de buscar la versió en català als extres de les pel·lícules. Finalment, el dia de Nadal de l'any 2020 va arribar el català al menú d'idiomes de Disney+, va ser la versió catalana de 'Soul'.

Després de la incorporació de 'Soul', i fins aquest estiu, s'han incorporat 36 versions en català més i les dues que tenien la versió en català als extres ja la tenen al menú d'idiomes. Ara hi ha un total de 39 títols en català, 37 pel·lícules en català i dos curts, un d'ells mut, però segons Disney està en català perquè han subtitulat al català el títol del curt.

Però des de l'estiu Disney+ no ha incorporat cap més versió en català, i això que al seu catàleg hi ha més de 150 títols que tenen versió en català, sigui perquè s'han doblat o perquè la versió original és en català, però Disney+ no l'ofereixen és el cas de la producció catalana 'Floquet de Neu', les aventures del petit Floquet de neu només es poden veure en castellà i anglès a Disney+, però per sort, Rakuten si l'ofereixen en català, i a més a més, es pot veure gratuïtament, sense llogar-la ni subscriure's a la plataforma. Fins fa poc també estava disponible a Filmin.

La situació del català a totes les plataformes és molt lamentable, però la situació del català a Disney+ és encara més lamentable que a la resta, perquè gran part del catàleg és producció pròpia, per tant, no tenen cap excusa, ells mateixos són plataforma productora i distribuïdora, si no tenen més contingut en català és perquè no volen, no perquè la distribuïdora de torn no hagi enviat l'àudio en català, és perquè ells no volen, igual que a moltes edicions de DVD i BR ignoren la nostra llengua.

També és cert que alguns d'aquests doblatges els va fer TV3 i que, per tant, TV3 els hauria de facilitar. Si TV3 fos proactiva i enviessin els seus doblatges a les productores i distribuïdores un cop ha emès el contingut, seria més fàcil que les pel·lícules doblades per la televisió pública estiguessin al seu catàleg, com per exemple l'Episodi IV i V de Star Wars.

Neix la web desdelsofa.cat, per trobar tot el contingut en català i aranès disponible a les plataformes de streaming.
Publicat el 16 de desembre de 2021 a Desdelsofà.cat

Neix el portal web desdelsofa.cat, una web creada per facilitar l'accés al contingut en català disponible a les plataformes de streaming i les televisions que emeten en directe o a la carta per internet.

A la pàgina web desdelsofà.cat podem trobar tot el contingut en català i aranès disponible a les més de 20 plataformes que ofereixen contingut en català, des de les plataformes més internacionals com Disney+ fins a la més catalana com Xala!, des d'HBO Max, la plataforma amb menys contingut en català fins a FliminCAT, la plataforma amb més contingut en català, de la plataforma més gran com Netflix a la més petita com Planet Horror, passant per les plataformes de les televisions públiques i distribuïdores. També podreu trobar curiositats i informació sobre l'estat del català a les diferents plataformes de streaming i un llistat de streamers i col·lectius que promouen l'audiovisual en català.

Si entreu a la web desdelsofà.cat per buscar el contingut en català disponible a les diverses plataformes, podeu trobar el títol més adient pels vostres gustos gràcies als filtres. Podreu filtrar el contingut per plataforma, versió (versió en català, VOSC, Multilingüe, Aranès, sense diàleg o 3D), gènere i producció (pel·lícula, sèrie, curt o programa).

La web està administrada per l'usuari de Twitter @Streamingcatala amb l'ajuda de l'empresa Arapla.cat al disseny i l'empresa Sirion Developers a la programació de la web.

Tot el contingut en català disponible a les plataformes de streaming està a les vostres mans, trobar les pel·lícules i sèries en català mai havia estat tan fàcil!

Com ha evolucionat el català a les plataformes de streaming?

Publicat el 24 de novembre de 2021 a Desdelsofà.cat i RacóCatalà

Fa aproximadament mig any vaig escriure un article sobre l'estat del català a les plataformes de streaming, posant dades i exemples del contingut que falta, ara, 7 mesos després, com ha evolucionat? Compararem les dades de l'article de fa 7 mesos amb les dades actualitzades gràcies a la web desdelsofa.cat.

La primera plataforma que compararem serà Filmin, la plataforma amb més contingut en català. De fet, tot i ser la plataforma que tenia més contingut en català, és la que ha afegit més versions en català i més subtítols en català. Quan vaig escriure els articles tenien poc més de 800 títols en català i poc més de 1600 VOSC, actualment tenen 886 versions en català i 1730 VOSC. Entre les versions en català afegides des que vaig escriure l'article destaquen la sèrie infantil 'Bandoler' i la pel·lícula 'El secret de Kells', dos exemples de títols que per fi tenen versió en català. A més a més, han afegit en català tiols destacats com 'Annette' o 'I Am Woman', però seguim sense i els clàssics de Hitchcock o la trilogia de 'El Padrí'.

Després de Filmin, passem a Rakuten, la plataforma estrangera amb més contingut en català.

Quan vaig escriure el primer article, Rakuten, tenia poc més de 160 títols, poc després en van afegir uns quants més, entre El Senyor dels Anells: Les dues torres i El Senyor dels Anells: El retorn del rei. Actualment, tenen 200 pel·lícules en català i una sèrie. La sèrie és Matchday, però Rakuten la té catalogada com a 8 pel·lícules diferents.

Entre les 30 pel·lícules noves en català a Rakuten destaca 'El Senyor dels Anells I: La Germandat de l'Anell', que completa la trilogia i 'Space Jam: Noves llegendes, però seguim', però continua faltant la saga de Harry Potter i moltes de les grans produccions de la Warner i Dreamworks.

A Prime Video, la plataforma estatunidenca amb més contingut en català, actualment tenen 79 títols en català i 34 VOSC, quan vaig escriure els articles no tenien ni 75 títols en català, al cap d'una setmana van penjar 8 pel·lícules d'ADSO Films, la minisèrie Descalç sobre la terra vermella, que la setmana abans de publicar l'article només estava en castellà, i la primera temporada de Cites, que al principi només estava disponible en castellà.

Les dades de Prime Video són enganyoses, ja que quan vaig publicar l'article no sabia que hi havia pel·lícules en català repetides, ni que hi havia pel·lícules que realment no tenien l'àudio en català, per tant, podem dir que fa 7 mesos Prime Video tenia una cinquantena de títols en català i actualment 79.
Pel que fa a Movistar+, la plataforma de la companyia telefònica, fa uns mesos tenia només 33 títols en català, en l'actualitat tenen més de 60. Han augmentat la seva oferta en un 90%, també continuen tenint entre 200 i 300 títols disponibles en VOSC gràcies a un acord amb la Generalitat de Catalunya.
A Netflix, la plataforma més popular ara com ara podem trobar 15 títols en català i 19 en VOSC, quan vaig escriure l'article només en tenien 5, totes produccions de TV3 i Sakura. Actualment, també podem trobar produccions de la Sony recentment afegits, com 'La família Mitchell contra les màquines', la primera estrena en català de la plataforma.

I ja per acabar parlarem de Disney+, la plataforma que quan va arribar no tenia res en català ara ofereix 37 pel·lícules i dos curts en català, al mes de maig només tenien 4 títols en català, però a dos d'ells la llengua catalana estava a l'apartat d'extres, no al menú d'idioma, com la resta de llengües. Avui, tenen títols de Pixar, clàssics de Disney i la tercera trilogia de Star Wars, podrien tenir més de 150 títols, però prefereixen no oferir-los. Si continuen sense oferir les versions en català dels títols produïts per ells, és perquè no volen, les produccions i els doblatges són de la seva propietat i d'altres títols que no ho són, com 'Floquet de Neu' pel·lícula produïda en català que Disney+ només ofereix en castellà i anglès.

Només el 4,5% de l'oferta de les plataformes disposa d'àudio i/o subtítols en català

Publicat el 16 de febrer de 2022 a Desdelsofà.cat i RacóCatalà

Aquesta setmana la pàgina web desdelsofà.cat, la base de dades de streaming en català, ha arribat als 4000 títols catalogats, pot parèixer un número molt alt, però en realitat no és res.

Segons les dades de JustWatch l'oferta de streaming a l'Estat espanyol és de més de 68.000 títols, entre totes les plataformes de streaming. Per tant, si comparem les dades de les dues bases de dades, veiem que el català representa, aproximadament, un 5,8% de l'oferta de les plataformes de streaming, però s'ha de tenir en compte que la web desdelsofà.cat contempla les plataformes de les televisions autonòmiques en català, i les plataformes Verso i Xala! I el contingut disponible de forma legal a Vimeo i YouTube, plataformes i contingut que JustWatch no contempla, així que si restem als 4.000 títols, el contingut que només està disponible a aquestes plataformes, el català baixa a la xifra 3.100 títols disponibles a les plataformes de streaming. Això vol dir que la presència de la llengua catalana a les plataformes de streaming és del 4,5%.

Només és el 4,5% del contingut disponible a l'Estat espanyol, està disponible en català, una de les 3 llengües que l'article 3 de la constitució diu que s'ha de protegir i difondre.

Si sumem el contingut en català de les plataformes privades Verso i Xala! Als títols de JustWatch i desdelsofà, el percentatge no millora massa, passa del 4,5 al 4,6. Per la gent que no coneix les plataformes Verso i Xala!. La plataforma Verso, és una plataforma valenciana on es poden escoltar poemes recitats per actors en castellà i català i Xala! És una plataforma catalana, amb tot el contingut en català, gestionada per La Xarxa de Televisions Locals de Catalunya des d'on es poden veure competicions esportives catalanes, castells, documentals i ficció.

El contingut que no hem tingut en compte de Vimeo i YouTube és contingut publicat de forma legal per les televisions, distribuïdors o productores que tenen els drets i comparteixen el contingut a YouTube i Vimeo, així com pel·lícules clàssiques lliures de drets que els usuaris recuperen i publiquen a YouTube. Com és impossible saber la quantitat de contingut en castellà disponible a YouTube i Vimeo no les he tingut en compte.

Aquestes dades demostren la necessitat d'una implicació real per part de les institucions i televisions públiques d'arreu dels Països Catalans per facilitar l'accés a l'audiovisual en català a les plataformes, des d'ajudes per afegir doblatges ja existents fins a subvencions per doblar sèries a les plataformes, així com una llei audiovisual espanyola que asseguri la defensa i difusió de totes les llengües oficials (tot i que l'article 3 de la constitució ja hauria de servir).

Si analitzem més a fons el contingut disponible en català a les plataformes, sigui doblat, versió original o versió original subtitulada al català, podem veure que, aquest 4,5% en gran part és gràcies a tots els títols que FilminCAT ofereix amb àudio en català (876) i subtitulat al català (1709), això és més del 20% del seu catàleg. I també gràcies a les 66 pel·lícules que Movistar+ ofereix amb l'àudio en català i els 472 títols que ofereixen subtitulats al català. La resta de plataformes baixen dràsticament la presència de català, des del 3,8% de Rakuten TV fins al 0,06 d'HBO Max (una sèrie en català i una bilingüe). Els números podrien ser molt millors amb els catàlegs actuals, ja que totes les plataformes (també FilminCAT i sobretot Movistar+) podrien oferir més contingut en català si afegeixen els doblatges ja existents de les sèries i pel·lícules que tenen als seus catàlegs. Per exemple, Netflix podria oferir més de 300 títols, Disney+ uns 150 i HBO Max més de 400.

De fet, si volem veure encara més gràficament la marginació que pateix el català a les plataformes de streaming, podem imaginar que desdelsofà.cat és una plataforma i comparar la mida del catàleg de diferents plataformes i veure a quin lloc estaria aquesta suposada plataforma que aglutines tot el contingut en català disponible actualment.

Prime Video: 11.508
Filmin: 10.777
Apple TV i iTunes: 9.636
Google Play: 6429
Rakuten TV: 5.940
Netflix: 5.417
Desdelsofà: 4000
Movistar+: 2135
Disney+: 1817
HBO Max: 1636

On són les versions en català dels Oscars?
Publicat el 6 d'abril de 2022 a Desdelsofà.cat i RacóCatalà

Fa dos caps de setmana es van lliurar els Oscars, un dels premis cinematogràfics més grans o amb més nom que hi ha.

Però, on podem trobar les versions en català de totes les pel·lícules premiades? A cap plataforma, a cap cinema i a cap botiga de DVDs. Perquè cap de les pel·lícules premiades s'ha doblat al català. A les plataformes si podem trobar, en català, 3 pel·lícules nominades, de totes les pel·lícules que estaven nominades només s'han doblat 4 al català.

Les tres pel·lícules nominades als Oscars disponibles a les plataformes són: 'Raya i l'últim drac', nominada a la millor pel·lícula d'animació, 'La família Mitchell contra les màquines' nominada a la millor pel·lícula d'animació i '4 dies' nominada a la millor cançó original per 'Somehow You Do' de Diane Warren. A més a més, a les plataformes també podem trobar 'Flee' en VOSC, aquest documental animat va ser nominada a millor pel·lícula d'animació, millor documental i millor pel·lícula de parla no anglesa.

Però com he comentat abans hi ha quatre pel·lícules doblades i fins ara només he anomenat tres doblades, la quarta és 'L'home que es va vendre la pell' nominada als Oscars com a millor pel·lícula estrangera, que arribarà als cinemes en català el 8 d'abril.
Com podeu veure són uns números molt lamentables, de totes les pel·lícules nominades als Oscars només en tenim 4 en català. Per això podem dir que la nit dels Oscars va ser la tercera nit negra del cinema en català, després dels Goya i els Gaudí.

Vam poder veure el mal estat del cinema en català. Així com als Gaudí vam poder veure el mal estat del cinema català i en català, perquè només hi havia sis produccions en català, tota la resta eren en castellà i l'Acadèmia del cinema català les va premiar i la Generalitat i TV3 les van finançar.

No pot ser que només 4 pel·lícules nominades als Oscars i cap guanyadora estiguin doblades al català. No pot ser que no doblem les pel·lícules més taquilleres i més famoses, que són les que atreuen el gran públic i s'anuncien als mitjans de comunicació i als nostres carrers. No pot ser, s'ha de reflexionar i millorar la sintonia de les institucions catalanes amb les grans productores de cinema perquè ens va la llengua.
Què volem doblar moltes hores sense sentit o doblar per a molts espectadors i, per tant, per potenciar la llengua en l'ús habitual i en l'oci? Com millor i més famosa sigui la pel·lícula que es dobli més gent anirà a veure cinema en català i més traurà a la gent a consumir més audiovisual en català perquè canviarà la imatge de "el doblatge en català només és per als dibuixos, la resta fa riure" perquè no és cert, però és evident que entre anar a veure 'CODA' en castellà i una pel·lícula independent que ningú coneix en català, la gent anirà a veure 'CODA' en castellà.

Tanmateix, doblant les grans pel·lícules al català no ens assegura que la versió en català serà un èxit, ha d'anar acompanyada d'una voluntat en la difusió i distribució que fins ara no hem vist. No pot ser que fins dos dies abans d'una estrena no sapiguem del cert quins cinemes oferiran la versió en català, quan ja fa setmanes que els cinemes venen les entrades anticipades per la versió en castellà, tampoc pot ser que el tràiler i els cartells promocionals surtin molt temps després dels tràilers i les imatges en castellà, ha de sortir al mateix temps, no és tan difícil, però en necessita voluntat. La mateixa voluntat que es necessita per projectar les versions en català en horaris dignes i normals i no entre setmana en horari escolar o un diumenge a l'hora de dinar, no serveix de res projectar pel·lícules amb l'objectiu de complir els mínims de la llei o les bases de les subvencions, s'ha de projectar amb l'objectiu de vendre i difondre.

És evident que les coses es podrien fer millor i les institucions s'han d'aplicar per aconseguir la normalitat de la llengua a l'audiovisual i a la seva distribució, no serveix de res doblar 1000 hores si després no es projecten per tot Catalunya, es projecten en mals horaris i la difusió és molt inferior a la difusió de les versions en castellà.

Què passa amb Netflix?

Publicat el 4 de maig de 2022 a Desdelsofà.cat i RacóCatalà

200 mil usuaris menys i ha deixat de guanyar un 6,4% menys el primer trimestre de l'any.

Enguany, Netflix ha perdut més d'un 40% del seu valor en Borsa. Pel que podem veure estan baixant en picat, però que està passant?

Segons ells, gran part dels usuaris perduts és pel tancament de Netflix a Rússia, han perdut 700 mil clients de cop, segons ells si no haguessin tancat Rússia haurien guanyat 500 mil usuaris aquest primer trimestre, però igualment segueix molt lluny dels més de 2 milions d'usuaris nous que esperaven. I tot això, per què?

Doncs per diversos motius:
1. té uns dels preus més cars del mercat i la relació qualitat-preu del contingut no és la millor. 8.99 al mes, com Disney+, però a Disney+ tens tot el contingut de Disney, Fox, Star Wars, Marvel, a més de produccions molt famoses i de molta qualitat que només es poden veure a Disney+.

2. Són el McDonald's de l'audiovisual, són els creadors del 'fast food' del cinema, produeixen moltes sèries i pel·lícules, que la majoria no triomfen, perquè produeixen molt, no sempre és d'una gran qualitat i molts cops ningú coneix, però allà les tenen, cada setmana en treuen de noves i si no triomfen no passa res, ja ho farà la de la setmana següent. Això té un sobrecost molt gran, ells van fent sense criteri perquè tenen molts diners; així i tot, potser seria millor per ells i els clients

produir menys, que sigui de molta més qualitat i invertir en més doblatges i subtítols per atraure parlants i consumidors de contingut en més idiomes.

Quantes produccions treu a l'any Disney+ o Prime Video? Una o dues de Marvel, una o dues de Star Wars, pel·lícules Disney noves amb criteri per a públics concrets i sense atabalar amb novetats als clients ni saturar el mercat. I Prime Video produeix algunes sèries l'any, però també estrena títols en exclusiva i ara han comptat MGM i això vol dir que tindran tot el seu catàleg a la plataforma i en exclusiva. Netflix això no ho fa.

3. No ofereixen res. Altres plataformes com Prime Video et donen un contingut extra, com el Prime Gaming a Twitch, l'enviament gratuït o hores de música gratuïta a Amazon Music, però Netflix res d'això no tenen contingut exclusiu de cap gran productora. HBO Max té tot el contingut en exclusiva de la Warner, Disney+ tot el produït per Disney i filials, FilminCAT, que ofereix un gran ventall en cinema clàssic, i europeu. Ells no ofereixen res, ni tenen contingut de cap gran productora en exclusiva, ni estan especialitzats en un cinema o públic cinèfil concret.

Això és el que està passant a Netflix, un preu elevat, qualitat cada cop més qüestionable i no ofereixen cap benefici extra, mentre les altres plataformes estan creant i obrint-se a nous mercats Netflix s'ha estancat i la solució no és abaixar el preu i afegir anuncis, la gent paga subscripcions per no tenir anuncis que et tallen la pel·lícula com a la televisió. I si vols anuncis tens les pel·lícules gratuïtes de Rakuten TV.

178

L'estancament de Netflix pot fer pensar que si no s'adapten i creen nous mercats i són més atractius pel públic poden acabar sent el Kodak de les plataformes.

'Bola de Drac Super: Super Hero' en català o res
Publicat el 18 de maig de 2022 a Desdelsofà.cat i RacóCatalà

El 10 de maig la plataforma Crunchyroll va anunciar que distribuirien la nova pel·lícula de 'Bola de Drac' als cinemes d'arreu del món (excepte al Japó).

Aquesta notícia va fer saltar les alarmes entre els seguidors catalans de 'Bola de Drac', fins ara a l'imaginari dels catalans teníem interioritzat que la pel·lícula la portaria Selecta Visión, com la resta de pel·lícules, que sempre han portat en català als cinemes, però aquest cop no la portarà la distribuïdora catalana, ho farà la plataforma especialitzada en anime, Crunchyroll, la plataforma que més malament tracta el català, ja que no tenen ni un trist doblatge ni subtítol.

De moment ningú sap si la pel·lícula de Toei Animation arribarà en català als cinemes dels Països Catalans, però ganes i públic no en falta. D'ençà que es va anunciar la distribució mundial de la pel·lícula les xarxes de Crunchyroll es van omplir de comentaris demanant el doblatge català de la pel·lícula i respectant el repartiment i la qualitat de la sèrie. Seguint aquesta línia aquest dilluns el perfil de Twitter @DoblatgeCatala va iniciar una campanya per demanar la versió en català de 'Bola de Drac Super: Super Hero' i demostrar, un cop més, que l'anime en català té molta demanda (tot i la falta d'oferta).

Aquests tres dies hem pogut veure com el fenomen Bola de Drac és encara viu a la societat catalana. En 24 hores el tuit d'inici de campanya va passar dels 700RT i els 1000 m'agrades, més tota la gent que ha citat el tuit, que ha compartit la imatge i

180

que ha utilitzat el hashtag #Boladedracencatalà. Però no només s'ha mogut la campanya per Twitter, també per Instagram, on en 24 hores s'ha convertit en la publicació més vista, més compartida i amb més m'agrades del perfil de la web desdelsofà.cat.

Tot això demostra el que ja sabíem, els i les catalanes ens sentim tan nostre 'Bola de Drac' com 'Plats Bruts', les dues sèries que més uneixen la societat catalana i més consens generen a Catalunya, independentment de la ideologia i de la llengua que parlis.

Ara, no podem afluixar, si realment la volem en català, hem de demostrar a Crunchyroll que realment la volem i que si ens la porten en català, triomfaran a Catalunya, i quan arribi en català, hem d'omplir els cinemes, a veure si així s'adonen de la demanda que hi ha de l'anime a Catalunya en català i deixen de marginar la nostra llengua i comencen a introduir subtítols en català, doblatges en català ja existents i doblatges nous, per què no? Tindrien èxit, de fet d'ençà que va nàixer la web desdelsofa.cat l'anime és el tercer gènere més cercat a la web i cada mes hi ha com a mínim una pel·lícula (en més d'una ocasió l'anime que ha format part del TOP 5 ha estat l'única pel·lícula de Bola de Drac disponible a les plataformes: 'Dragon Ball Super: Broly') i una sèrie d'anime entre el TOP5.

Bola de Drac en català o RES!

Per sort es va doblar i la vam poder veure en català al cinema i actualment la podem trobar en català i VOSC a Crunchyroll.

HBO MAXim menyspreu pel català

Publicat l'1 de juny de 2022 a Desdelsofà.cat i RacóCatalà

Ja fa uns mesos que va arribar HBO Max a l'estat espanyol, com era d'esperar no hi havia ni rastre de català, doncs bé, uns mesos després tot continua igual. HBO Max és la plataforma de la Warner Bros. Tenen en exclusiva tot el contingut de la productora, com Disney+ amb les produccions de Disney. Però al contrari que Disney+, HBO Max no té ni un doblatge en català, ni un, ni de les pel·lícules més noves com 'Bèsties fantàstiques: Els secrets de Dumbledore'. La marginació i menyspreu d'HBO Max i la Warner per la nostra llengua arriba a uns punts tan exagerats que fins i tot la productora es permet el "luxe" de no complir amb les bases de les subvencions per doblar pel·lícules al català per la seva estrena a cinemes. Un dels punts de les bases especifica que el doblatge en català també s'ha de comercialitzar a les plataformes i format físic. Però no, HBO Max no ofereix cap doblatge de la Warner, i això que són ells mateixos.

Per sort, Apple TV, iTunes, Prime Video i Rakuten TV si ofereixen algunes versions en català de les pel·lícules de la Warner que tenen disponibles amb lloguer i compra.

Com per exemple les pel·lícules de la 2 a la 8 de 'Harry Potter' a Apple TV, iTunes i Prime Video o 'El senyor dels Anells' a Prime Video (la 2 i la 3) i Rakuten TV (la trilogia completa).

La subscripció mensual a HBO Max té un preu de 8,99 € i l'anual val 69,99 €. Amb el que val la subscripció mensual, per exemple, pots llogar la trilogia d"El senyor dels Anells' a Rakuten o comprar una de les pel·lícules de la trilogia a Prime Video i Rakuten TV, si ho feu les podeu veure en català.

I amb el que val la subscripció anual, per exemple, pots comprar les 7 pel·lícules de 'Harry Potter' que es troben en català a Apple TV, iTunes i Prime Video, i et sobra per poder-te comprar 'Bèsties fantàstiques i on trobar-les' en català a Apple TV o iTunes i 'Bèsties fantàstiques: Els secrets de Dumbledore' a Prime Video o Rakuten TV. Estic parlant de comprar per poder-les veure sempre que vulguis, però si prefereixes llogar-les pel mateix que pagues anualment a HBO Max, podràs llogar fins a 20 pel·lícules de la Warner en català a Apple TV, iTunes, Prime Video o Rakuten TV. No està del tot malament no?

No us agradaria poder veure 'Harry Potter', 'El senyor dels Anells', les pel·lícules de 'Lego', 'Scooby Doo', 'Space Jam' o 'Tom i Jerry' en català? Les teniu disponibles en català fora d'HBO Max. Teniu a les vostres mans el poder de deixar de pagar a qui margina la nostra llengua i passar a pagar per veure contingut en català.

Com ha evolucionat el català a les principals plataformes d'streaming?

Publicat l'1 de juny de 2022 a Desdelsofà.cat i RacóCatalà

Aquest mes de juny Prime Video ha penjat dues pel·lícules Amazon Exclusive doblades al català per ells, sense cap ajuda econòmica de cap institució, convertint-se així en la primera plataforma que encarrega i paga un doblatge a la nostra llengua, així com al basc i gallec. També sabem que el 8 de juliol, Netflix, estrenarà la seva primera pel·lícula doblada a les tres llengües, a l'anterior article parlo dels doblatges de les plataformes amb més detall.

Però, com es pot veure a la gràfica, tot i aquest gran pas, i que s'han afegit alguns nous títols en català o VOSC, l'estat del català a les grans plataformes (Netflix, Prime Video, Disney+ i HBO Max) encara és marginal, arribant al punt del menyspreu per part de les plataformes, en especial per part d'HBO Max.

Començarem per Prime Video, la plataforma on més ha augmentat la presència del català i la primera que ha doblat al català contingut propi. Fa sis mesos, quan va nàixer la web desdelsofa.cat, Prime Video no tenia ni 90 títols en català i VOSC, el dia 28 de juny en tenen 256 en català i/o VOSC. Convertint-se així amb la plataforma on més ha augmentat la presència de la nostra llengua els darrers sis mesos. S'ha de dir que tot i aquest gran creixement continuen sent números irrisoris, ja que Prime Video ofereix 12.994 al seu catàleg, és a dir, en català només podem trobar el 2% del catàleg de Prime Video. S'ha de remarcar que gran part d'aquest creixement és gràcies a la distribuïdora A Contracorriente i el seu canal Acontra+, perquè estan incorporant tots els seus doblatges en català, inclosos els doblatges de TV3, cosa que cap altra distribuïdora havia fet fins ara i l'única plataforma que fins ara tenia contingut doblat per TV3 era FilminCAT, la plataforma per excel·lència pel que fa al bon tracte a la nostra llengua.

Ara passem a Disney+, la plataforma estatunidenca amb el percentatge de contingut en català més elevat. Tot i ser la plataforma amb el percentatge més elevat, només un 2,2% del seu catàleg es pot trobar amb la seva versió en català. Això són 44 pel·lícules disponibles amb el seu doblatge en català i cap en VOSC. El mes de desembre tenien 39 pel·lícules en català, ara ha augmentat a 44, bàsicament gràcies a les seves novetats, com 'Red' i a les pel·lícules de la Fox que s'han afegit al seu catàleg, com 'Austràlia', ara bé, si viviu a Andorra teniu accés a una pel·lícula en català més que els residents a l'estat espanyol, ja que la pel·lícula 'Robots' la podem trobar en català a Disney+ Andorra, però a l'estat espanyol encara no es pot trobar al catàleg de Disney+.

Pel que fa a Netflix, la plataforma amb més subscriptors als Països Catalans. A la plataforma més popular només podem trobar el 48 de títols en català o VOSC, quatre més que a Disney+; tanmateix, si mirem els percentatges, Netflix, no arriba ni a l'1% de títols català, només el 0,8%. Si ho comparem amb el contingut en català al mes de desembre, Netflix gairebé ha doblat el seu contingut en català, al desembre només tenien 25 títols en català o VOSC. Això és gràcies a l'augment de produccions en català disponibles al seu catàleg i a les produccions pròpies que ha subtitulat. Però encara són uns números insignificants, sobretot si ho comparem amb els més de 300 títols disponibles al seu catàleg que ja tenen doblatge en català.

I ja per acabar a HBO Max, la plataforma propietat de la Warner Bros, per això és l'única plataforma on podem trobar TOT el contingut de la productora. Al catàleg d'HBO Max podem trobar uns 2000 títols dels quals només 2 es poden trobar en català, 'Moebius', una sèrie produïda per TV3 i la pel·lícula documental 'Balandrau, infern glaçat'. És a dir, HBO Max no ofereix cap doblatge en català ni cap subtítol, i això que al seu catàleg compten amb uns 400 títols que s'han doblat al català, molts d'ells per a cinema, com la saga de 'Harry Potter' o 'El senyor dels Anells'.

Prime Video, tens la meva espasa

Publicat el 28 de juliol de 2022 a Desdelsofà.cat i RacóCatalà

Ahir a la tarda es va confirmar que la sèrie més cara de la història, 'El Senyor dels Anells: Els Anells de Poder' arribaria a Prime Video en català. 'El Senyor dels Anells: Els Anells de Poder' és, segurament amb la dedicada al personatge d'Obi-Wan, la sèrie més esperada de l'any, però al contrari d"Obi-Wan Kenobi' podrem gaudir-la en català. És trist pensar que una cosa tan normal com gaudir de l'audiovisual en la teva llengua, sigui un luxe, però és així. Malauradament, fins fa uns mesos, era impensable somiar en tenir les grans produccions de les plataformes de streaming en català, però aquest any Prime Video ens està sorprenent positivament doblant pel·lícules i sèries pròpies.

El millor de tot, és que aquesta sèrie la dobla al català Prime Video i no TV3, això, irònicament, és garantia de qualitat, fins ara, els doblatges de Prime Video els hi donen tres mil voltes als doblatges de TV3, i això que és la televisió pública de Catalunya, i s'entén, que en ser un servei públic haurien de tenir molta més cura de la qualitat artística i lingüística, però no. Per sort, Prime Video i Netflix, les plataformes que han començat a doblar el seu contingut, ens estan oferint un nivell excel·lent als seus doblatges, uns doblatges que no tenen res a envejar als doblatges en català produïts per a les sales de cinemes. Això ens pot fer pensar, o esperar, que el doblatge de la sèrie estigui al nivell dels doblatges de la trilogia. Un dels millors doblatges en català mai vistos.

PERÒ no tot és fantàstic i meravellós, quan es tracta de les llengües oficials de l'estat espanyol, sempre hi ha un PERÒ, sempre que la llengua en qüestió no sigui el castellà, clar. El

187

problema és que ni Netflix ni Prime Video anuncien els seus doblatges i subtítols a les seves xarxes socials ni per cap altre mitjà oficial, sempre som els usuaris els que hem de difondre i informar a la gent quan hi ha una novetat en català a les plataformes, per això va nàixer la web desdelsofa.cat. Això si, si més no, Netflix almenys dobla al català els tràilers de les produccions que dobla al català, però Prime Video ni això. Per què? Per què es gasten milers d'euros en doblatges que no difonen? És per por a una possible reacció catalanofòbica dels sectors més rancis de l'estat espanyol? És per tenir l'excusa i poder dir «no doblem més perquè ningú ho mira»? Sigui com sigui, res d'això té sentit, una empresa quan inverteix diners en alguna cosa és perquè vol que sigui consumida i la gent se'n faci ressò, no per tenir-la amagada. De fet, les xarxes social de les plataformes es diuen (per exemple) @PrimeVideoES, 'ES' d'Espanya, no d'Espanyol, és a dir, és el perfil oficial de la seu espanyola, de tot l'estat, per això haurien de difondre les novetats i doblatges en català, basc i gallec des dels seus perfils oficials, al cap i a la fi, són llengües espanyoles, i, segons la Constitució espanyola són oficials i s'han de respectar i difondre.

No pot ser, que ens assabentem de les novetats en català quan es penja el contingut i no amb antelació, no és just que fins al dia de l'estrena ningú sàpigues que 'La llista final' es pot veure en català, quan feia setmanes que tothom sabia que es podria veure en castellà, com tampoc és normal que la notícia de què tindrem la sèrie 'El Senyor dels Anells: Els Anells de Poder' en català i basc no surti de Prime Video, sinó que surti d'altres fonts. Què faríem els que volem consumir audiovisual en català sense els activistes com @DoblatgeCatala i @Desdelsofa_cat?

Skyshowtime: nova plataforma, el mateix menyspreu cap el català

Publicat l'1 de març de 2023 a Desdelsofà.cat i RacóCatalà

Ahir va arribar la plataforma Skyshowtime a l'estat espanyol i Andorra, com era d'esperar no ofereixen ni un sol àudio en català.

La nova plataforma té al seu catàleg el contingut d'Universal (amb Dreamworks i Illumination Entertainment incloses), Paramount, Nickelodeon, Sky i d'altres proveïdors. Tot aquest contingut es pot veure en més de deu llengües, però malauradament, de moment, la nostra llengua no forma part d'aquesta llista.

Per sort hi ha altres plataformes que ofereixen els mateixos títols que SkyShowtime i en català, a continuació trobareu una selecció de 10 títols que SkyShowTime no ofereix en català, però sí que ho fan altres plataformes com SX3, Prime Video, Apple TV, Rakuten TV o Movistar+.

Jurassic World: el regne caigut: Una erupció volcànica amenaça els dinosaures que no van morir en el parc temàtic de Jurassic World. L'antiga gerent del parc vol protegir-los per evitar la seva extinció. Una nova aventura d'una de les nissagues més taquilleres de la història del cinema.

Tauró: Quan un insaciable gran tauró blanc sembra el terror en Amity Island, un oceanògraf i un adobat caçador d'esquals s'uneixen per a acabar amb la bèstia.

Gru 3, el meu dolent preferit: Han acomiadat en Gru perquè ha deixat escapar una estrella infantil dels anys 80 que va ser famosa per fer una sèrie on interpretava un criminal. Ara és adult i crea el caos a tot el planeta. A més, en Gru descobreix que té un germà bessó.

Els Mínions: Els Mínions no saben conservar malvats, per això ara estan sols i deprimits. En Kevin i dos amics surten a buscar un nou líder i van a parar a la gran trobada de superdolents d'Orlando, on la malvada Scarlet els fa un encàrrec reial.

Canta!: Buster Moon és un elegant coala que regenta un teatre que va conèixer temps millors, i per salvar-lo és capaç de qualsevol cosa. Només té una oportunitat per mantenir-lo: organitzar un concurs de cant i aconseguir que sigui un gran èxit.

El nadó en cap: Un nadó peculiar, que porta vestit, corbata i maletí, i el seu germà Tim, de 7 anys, tractaran d'aturar els perversos plans del director de l'empresa Puppy Corporation.
Com ensinistrar un drac 3: El que es va iniciar com una inesperada amistat entre un jove viking i un temible drac, s'ha convertit en una trilogia èpica. En aquest nou episodi descobriran el seu veritable destí: la llibertat.

Els pingüins de Madagascar: El Capità, en Kowalski, en Rico i el Recluta uneixen les seves forces a les de la sofisticada organització d'espies Vent del Nord per impedir que el malvat doctor Octavius Brine domini el món.

I per acabar dues sèries que podem veure en català a SX3.

Kung Fu Panda: llegendes increïbles: Soc en Po, un os panda. Però no et pensis que en soc un de qualsevol. M'han nomenat

Guerrer del Drac i, a més a més, tinc el càrrec de Guardià de la Vall de la Pau, que és el lloc on visc. Ara ja saps quina és la meva missió: haig de protegir la Vall dels dolents, com ara els cocodrils bandits i el Taotie. No estic sol, en la meva lluita per la justícia m'ajuden els Cinc Furiosos: la Tigressa, el Mico, el Pregadéu, l'Escurçó i el Grua. Ah! I no em puc deixar el mestre Shifu. Què, súper? T'apuntes al meu equip?

Els Pingüins de Madagascar (sèrie): Això és el zoo de Central Park, a Nova York, i nosaltres som el Capità, el Recluta, en Kowalski i en Rico. Som quatre pingüins encarregats de tenir contents tots els animals del Zoo. No és fàcil, sobretot si apareix en Julien, el rei dels lèmurs, que ho desmunta tot! A vegades les nostres missions secretes ens porten a les parts més desconegudes de la ciutat, com ara les clavegueres. Vols veure com ho fem?

Desdelsofà.cat, la base de dades de l'audiovisual en català a internet

Publicat el 13 de desembre de 2023 al núm. 57 de la revista Les Notícies de llengua d'UGT Catalunya

El 16 de desembre de l'any 2021, es va publicar la web Des del sofà (desdelsofa.cat) amb l'objectiu de facilitar la cerca de les pel·lícules i sèries disponibles en català i aranès a les diferents plataformes de reproducció en línia que donen servei a l'Estat espanyol, tant públiques com privades.

La idea va ser fruit de la falta de contingut en català disponible a les diferents plataformes, en especial a les quatre plataformes principals (Disney+, HBO Max, Netflix i Prime Video) i la dificultat de trobar aquests pocs títols disponibles en la nostra llengua. Per això, abans del naixement de la web, i inclús del plantejament de la creació de la web, es van publicar uns estudis en forma d'articles per conèixer l'estat del català a les plataformes, quants títols en català hi havia i quines oferien serveis en català com la interfície, l'atenció al client o les xarxes socials. A partir d'aquests articles i del moviment dels usuaris de Twitter que reclamaven —i reclamen—més audiovisual en català, es va creure que una bona idea per facilitar l'accés a les pel·lícules i sèries disponibles a les plataformes era crear una web que catalogués el contingut disponible en català, VOSC i aranès de les diferents plataformes (una espècie de JustWatch però només en català). Set mesos després de la publicació d'aquells articles, on es veia clarament que el català era residual a les plataformes, va nàixer la web desdelsofa.cat i vam poder saber els números exactes de contingut que n'oferien les plataformes i el poc que havia augmentat respecte al mes de maig, amb les dades dels articles. Avui en dia, però, les dades que tenim són esperançadores. Poc ens podíem imaginar el desembre del 2021 que dos anys després hi hauria plataformes que doblen les seves produccions al català, com fan actualment Prime Video i Netflix. Tampoc ens podíem imaginar que la plataforma que més marginava el català, HBO Max, dos anys després seria la plataforma principal amb el percentatge de títols en català més elevat, superant fins i tot Filmin, i és que HBO Max ja ofereix el 9,8% del seu catàleg en català, mentre que filmin n'ofereix el 9,5%. A més a més, HBO Max disposa de l'àudio en català en el 15% de les pel·lícules que ofereix als seus usuaris.

Tots aquests canvis han estat fruit d'un bon treball constant de les institucions catalanes el darrer any i mig, juntament amb la pressió dels usuaris demanant per vies oficials i xarxes socials que les plataformes afegeixin els àudios en català ja existents.

Després de diverses converses amb la Generalitat de Catalunya, les plataformes Netflix i Prime Video van anunciar que començarien a doblar pel·lícules i sèries de producció pròpia al català, euskera i gallec, i així ho van fer. El 8 de juny del 2022, la plataforma d'Amazon, Prime Video, va estrenar la pel·lícula **Agents 355**, la primera que una plataforma doblava al català, basc i gallec. A partir d'aquí en van arribar moltes més, i també sèries, com **La llista final**, **El Senyor dels Anells**

els Anells de Poder, o, més recentment, **The Boys** i **Generació V**. D'altra banda, Netflix va començar a doblar al català alguns dels seus títols originals. Va estrenar-se fent-ho el 8 de juliol amb la pel·lícula **El monstre marí**, just un mes després que ho fes Primer Video amb **Agents 355**. Com la plataforma d'Amazon, Netflix també ha doblat i subtitulat molts més títols al català: **Nimona**, **Lost Ollie**, **Pinotxo de Guillermo del Toro** o **Scrooge: Conte de Nadal**.

Tot i que de moment totes les pel·lícules i sèries que Netflix ha doblat al català són títols infantils o familiars, recentment la plataforma ha anunciat el primer doblatge d'una sèrie no infantil, la minisèrie **La llum que no pots veure**. Basada en el best-seller premiat amb el Pulitzer, tracta d'una història ambientada en la Segona Guerra Mundial en què els camins d'una noia francesa cega i un soldat alemany s'encreuen. La podrem veure a Netflix a partir del 2 de novembre.

Un altre fet important que ha ajudat molt a la presència del català a les diferents plataformes de vídeo sota demanda va ser l'acord entre diferents plataformes (Filmin, HBO Max, Movistar+, Netflix i Prime Video) amb la Secretaria de Política Lingüística de la Generalitat de Catalunya i la Corporació Catalana de Mitjans Audiovisuals (CCMA).

Gràcies a aquest acord hem pogut veure com molts dels doblatges que ha fet TV3 al llarg dels anys han anat apareixent en aquestes cinc plataformes, així com a Apple TV i a iTunes.

La plataforma que de moment més àudios de TV3 ha penjat, i amb més freqüència, és HBO Max, per això hem vist aquest gran canvi de no oferir pràcticament res en la nostra llengua a arribar al 10% dels títols en català. De fet, gràcies a la Warner Bros, propietària d'HBO Max, hem pogut veure un augment de títols en català a les plataformes de lloguer com Apple TV, iTunes i a l'apartat de lloguer i compra de Prime Video, ja que han penjat els doblatges de TV3 a aquestes plataformes després de penjar-los a la seva pròpia plataforma.

Per què és important tenir accés a l'audiovisual en català?
Publicat el 8 de febrer del 2024 a l'apartat **Respostes amb criteri** de la
pàgina web del president Quim Torra.

Cada dia els mitjans audiovisuals tenen més pes a la societat i gràcies a internet cada cop es consumeix més contingut audiovisual, per això és indispensable tenir un accés fàcil i ràpid del contingut audiovisual en la nostra llengua, així com un accés oficial, legal, de qualitat i al dia.

A través del contingut audiovisual es creen referents lingüístics, molt necessaris per aprendre, entendre i parlar una llengua, per això molts cops es diu que una de les millors coses que li ha passat al català va ser l'emissió de **Bola de Drac** i **Plats Bruts**, tothom ho mirava i després jugàvem al pati a **Bola de Drac** en català. Molta gent va aprendre català gràcies a grans sèries infantils i juvenils que vam tenir a la televisió a finals dels 80 i fins a l'any 2010.

Ara, quants infants catalanoparlants juguen en castellà perquè la sèrie o pel·lícula que els agrada i imiten és en castellà? Si fos en català jugarien en la seva llengua, en la llengua de la seva família.

Però la falta de referents lingüístics en català també afecta els adults, a quants joves i adults catalanoparlants se'ls escapen frases en castellà de l'**APM?**, o d'alguna sèrie o pel·lícula de masses que no es pot veure en català com **La que se avecina** o **Game of Thrones**? Seguramente a la conversa podríeu haver dit la frase en català, però el referent que teniu amb aquella paraula, frase o expressió és en castellà o anglès.

És per tot això que s'ha creat el web desdelsofà.cat, com a base de dades que faciliti la cerca del contingut en català i aranès que hi ha disponible a les principals plataformes digitals.

**Per què és important tenir accés a l'audiovisual en català?
(versió estesa)**
Publicat el 8 de març del 2024 a la web desdelsofa.cat.

El 8 de febrer a l'apartat Respostes amb criteri de la pàgina web del president Quim Torra vaig publicar l'article Per què és important tenir accés a l'audiovisual en català?, però quan el vaig acabar d'escriure em vaig adonar que m'havia quedat molt més llarg del que m'havien emanat i el vaig haver de resumir, un mes després de la publicació, m'agradaria compartir en vosaltres l'article complet, la versió estesa de l'article.

———

Cada dia els mitjans audiovisuals tenen més pes a la societat i gràcies a internet cada cop es consumeix més contingut audiovisual, cada cop és més fàcil accedir-hi i, cada cop el contingut audiovisual està arraconant més el contingut d'imatge o text per entretenir-se, informar-se o formar-se, per això és indispensable tenir un accés fàcil i ràpid del contingut audiovisual en la nostra llengua, el català, així com un accés oficial, legal, de qualitat i al dia.

L'audiovisual és la millor eina per crear referents lingüístics, per parlar d'una societat -com la catalana-, i explicar la història, tradicions i llegendes dels països i comunitats culturals. Sabeu per què tot el món celebra Halloween, però no la Castanyada? Perquè Halloween ha tingut el suport d'una indústria cinematogràfica molt potent, Hollywood. Hi ha centenars de pel·lícules i sèries que parlen de Halloween, que algun capítol estan ambientats al voltant del 31 d'octubre, pel·lícules basades en la llegenda que hi ha darrere o amb l'actualitat, nens i nenes

198

buscant caramels, en canvi, no hi ha ni un trist curt que parli de la història i la tradició de la Castanyera, passa el mateix amb Nadal, hi ha centenars de pel·lícules, sèries, curts i anuncis que giren al voltant del típic Nadal estatunidenc i el Pare Noel, i quantes n'hi ha al voltant del Tió/Tronc/Soca de Nadal? Són dos exemplars clars de la importància de l'audiovisual per a estructurar, explicar, mantenir i difondre una cultura o unes tradicions. I passa el mateix amb les llengües.

Com veieu el sector audiovisual és un sector amb molta transcendència i influència en la societat actual, per això necessitem produccions catalanes de qualitat i en català, necessitem el màxim de doblatges i subtítols al català possibles, això sí, han de ser unes traduccions de qualitat de productes de qualitat i actuals, no val doblar moltes hores per doblar amb una qualitat pèssima o uns títols que no consumeix ningú, perquè ningú coneix o són avorrits.

A través del contingut audiovisual -produït o doblat al català- es creen referents lingüístics, molt necessaris per aprendre, entendre i parlar una llengua, per això molts cops es diu que una de les millors coses que li ha passat al català va ser l'emissió de **Bola de Drac** i **Plats Bruts**, tothom ho mirava i després jugàvem al patí a **Bola de Drac**, en català, tothom hi jugava en català, tinguis la llengua materna que tingués (català o castellà), molta gent va aprendre català gràcies a grans sèries infantils i juvenils que vam tenir a la televisió a finals dels 80 i fins a l'any 2010.

199

A quants no us ha fet mal el cor quan heu sentit un nen catalanoparlant dir "gorrocóptero" al que en català coneixem com el "casquet volador", això passa perquè ara mateix a Catalunya, **Doraemon**, és un referent lingüístic en castellà i no en català, només és un exemple, però passa amb moltes sèries d'abans i d'ara perquè durant molt temps hem estat orfes de contingut en català de qualitat, i hem estat entre 10 i 12 anys sense referents lingüístics en català de masses.

Per això l'audiovisual en català és important per a la preservació de la llengua i la cultura catalanes. Cada cop més infants, adolescents i joves consumeixen més contingut audiovisual a través de les plataformes de vídeo sota demanda, les xarxes socials de vídeos (TikTok, Twitch o YouTube) i els vídeos a les xarxes socials que no són únicament de vídeos (Instagram i Twitter), això vol dir que cada cop hi ha més referents lingüístics fora de TV3 i més a internet. Per això és indispensable facilitar l'accés de pel·lícules i sèries en català a les plataformes i difondre els creadors de contingut en català, per facilitar trobar els creadors que parlen del que a nosaltres ens agrada en la nostra llengua.

D'ençà que vaig començar amb la web desdelsofa.cat m'he trobat gent catalanoparlant i castellanoparlant que diu que el fet que el català no estigui a les plataformes o a les xarxes no és important, que això no acabarà amb el català perquè si no va acabar amb el català totes les prohibicions que ha patit no l'afectarà la falta de català a les plataformes o que Netflix ignori la nostra llengua, i la veritat, no poden estar més equivocats.

Les llengües es difonen i defensen parlant-les, llegint-les i escoltant-les. Totes les èpoques que el català ha estat prohibit no hi havia un sector audiovisual desenvolupat, o directament no sabia ni inventat les càmeres de vídeo. Quan un govern prohibeix parlar o ensenyar una llengua, afecta el carrer i l'escola, però no a casa, abans els principals o únics referents lingüístics eren els familiars amics i veïns, en especial els pares i les mares, ara els principals referents lingüístics es troben a Netflix i TikTok, si el català no hi és, el català perd força, si el català no és a internet els infants i joves es queden sense referents lingüístics en català, evitant així el normal desenvolupament de la seva llengua i frenant l'aprenentatge continu de la llengua a tota la població.

Quants infants catalanoparlants juguen en castellà perquè la sèrie o pel·lícula que els agrada i imiten és en castellà? Si fos en català jugarien en la seva llengua, en la llengua de la seva família.

És important el doblatge i la producció en català de contingut infantil, però també juvenil i adult. El contingut infantil en català és indispensable perquè, amb ell, la canalla aprèn català entretenint-se, però un cop arriben als 10 anys han de poder continuar entretenint-se en català, i als 18 i als 40, perquè si no hi ha un moment que això es perd i l'aprenentatge continu del català i els referents lingüístics es perden. Mai es domina del tot una llengua, sempre pots aprendre una paraula, una frase feta, una pronunciació, un dialecte nou, però per poder-ho fer l'has d'escoltar i tenir-hi el màxim d'accés possible, per això l'audiovisual és imprescindible.

Per molt adult que siguis, si tens referents lingüístics en altres llengües, quan parles la teva llengua sempre se t'escapen frases en altres llengües. A quants de vosaltres no us ha passat que parlant en català heu dit frases en castellà de l'**APM?** o d'alguna sèrie o pel·lícula espanyola o en castellà de masses com **La que se avecina** o **Game of Thrones**? Segurament a la conversa podríeu haver dit la frase en català, però el referent que teniu amb aquella paraula, frase o expressió és en castellà o anglès.

I per això vaig crear la pàgina web desdelsofa.cat, per facilitar l'accés a l'audiovisual en català disponible a les plataformes, difondre'l i denunciar la falta d'àudios i subtítols en català a les plataformes. Si voleu saber que hi ha a la vostra plataforma en català o en VOSC us recomano que visiteu la web desdelsofa.cat, allà trobareu catalogat tot el contingut disponible en català i VOSC a totes les plataformes que donen servei a casa nostra, i, si ens seguiu a les xarxes, estareu al dia de les novetats.

Altres temàtiques

Ryanair, la màfia de l'aire
Publicat el 19 de febrer del 2023 al blog Pos això i allò, Marfanta,
EbreDigital i Racó Català.

El passat dissabte 11 de febrer del 2023 vam viatjar de Dublín a
Barcelona amb l'aerolínia irlandesa Ryanair. Vam comprar els
bitllets senzills on hi ha inclosa una bossa de mà. Com sempre
que volem (2/3 vegades per any), vam portar unes motxilles
com a bossa de mà perquè és molt més còmode. Mai havien
tingut cap problema, ja que les motxilles caben sense cap
problema sota dels seients de l'avió i compleixen el reglament
de la mida permesa, però es veu que aquest cop no.

Una treballadora de Ryanair es va apropar a nosaltres quan
estàvem a la cua esperant per entrar a l'avió. Ens va dir que
amb les motxilles no podíem entrar, que si volíem entrar amb
elles, havíem de pagar 45,99 € cadascú (en total 91,98) perquè
no tenien més lloc a l'avió, es veu que pagant es poden fer
miracles i aconseguir lloc a un avió. Jo portava una motxilla de
mà i una bossa amb productes que havia comprat al Duty Free
del mateix aeroport. Quan li vam preguntar per què i, li vam dir
que sempre havíem entrat amb les motxilles a l'avió i les
havíem posat sota dels seients, sense cap problema. Ens va dir
que per entrar amb elles havíem de pagar, que són les normes
(ja no era tema d'espai, ara era de reglament) i que si fins ara
no havíem tingut cap problema, era culpa dels altres
treballadors que no havien fet bé la seva feina. En els darrers
dos anys hem viatjat 5 vegades amb Ryanair portant aquestes
motxilles i cap vegada ens havien dit res, fins aquest dissabte.
El més curiós és que un cop dins l'avió, hi havia molt d'espai

per poder posar les motxilles, de fet, com sempre, va cabre sota els seients sense cap dificultat.

Finalment, vam haver de pagar, si no perdíem el vol. Vam demanar un full de reclamacions i ens van dir que no en tenien, que si ens volíem queixar o reclamar havíem d'entrar a la web de Ryanair i buscar com fer-ho. Al llarg d'aquesta setmana hem intentat contactar amb ells, no ha estat fàcil, quan finalment ho hem aconseguit ens han dit que no ens ho tornaran, que ja està tot bé com està. Ens van demanar fotos de les motxilles sota dels seients (sort que n'havia fet per denunciar-ho per Twitter), tiquets del Duty Free i el comprovant de què vam haver de pagar per pujar a l'avió amb les motxilles. Ho vam enviar tot al moment, però, com era d'esperar, no va servir de res. No ens volen tornar els diners.

És molt impotent veure com una empresa mafiosa pot fer el que vulgui amb els passatges, amb total immunitat perquè cap institució els hi diu res. Tracten als clients com a ramats de cabres, cobren el que volen, quan volen, com volen i a qui volen i aquí ningú mou un dit, cap institució europea o estatal fa res pel benestar dels passatges, ningú es preocupa dels usuaris.

El mateix dissabte, un cop vaig seure dins de l'avió, el primer que vaig fer va ser entrar a la web de Consum de la Generalitat de Catalunya per tal de posar una queixa formal contra Ryanair i demanar el retorn dels diners. Esperem que prosperi i, com a mínim, que ens retornin els diners. De moment sempre que he posat una queixa a Consum m'ho han arreglat, esperem que aquesta vegada també, però també m'agradaria que les

empreses que fan el que volen amb els seus clients i els
enganyen contínuament paguessin per les seves pràctiques
mafioses.

Agraïments

Gràcies a tots els representants dels diferents mitjans de comunicació que al llarg d'aquests anys han publicat articles meus o m'han demanat que escrigui pel seu diari digital o revista. Escriure i publicar aquests articles m'ha servit per formar-me com a escriptor i també formar-me com a persona aprenent coses que desconeixia i necessitava trobar per poder respondre a les respostes que m'anaven sorgint quan escrivia.

Sobretot, també gràcies a tota la gent que m'anava animant per escriure els articles i em donava idees de temàtiques per escriure.

Infografia

Arxius personals
Webs personals
desdelsofa.cat
posaixoiallo.wordpress.com

Mitjans de comunicació
aguaita.cat
ebredigital.cat
elcinefil.cat
marfanta.com
presidenttorra.cat
racocatala.cat
Revista "Les Notícies de llengua" (UGT Catalunya)

Articles: Àlex de la Guia Fernández
Portada: Àlex de la Guia Fernández
Fotografia contraportada: Marta Escolà Méndez

www.ingramcontent.com/pod-product-compliance
Lightning Source LLC
Chambersburg PA
CBHW051559250726
48653CB00004BA/1232